AF107015

www.ingramcontent.com/pod-product-compliance
Lightning Source LLC
LaVergne TN
LVHW010414070526
838199LV00064B/5298

* 9 7 8 9 3 5 8 7 2 4 4 5 5 *

اردو: رسم الخط اور فروغ

(مضامین)

مرتب:

اعجاز عبید

© Taemeer Publications LLC

Urdu : Rasm-ul-khat aur Farogh

By: Aijaz Ubaid

Edition: February '2024

Publisher :

Taemeer Publications LLC (Michigan, USA / Hyderabad, India)

ISBN 978-93-5872-445-5

9 789358 724455

مصنف یاناشر کی پیشگی اجازت کے بغیر اس کتاب کا کوئی بھی حصہ کسی بھی شکل میں بشمول ویب سائٹ پر اَپ لوڈنگ کے لیے استعمال نہ کیا جائے۔ نیز اس کتاب پر کسی بھی قسم کے تنازع کو نمٹانے کا اختیار صرف حیدرآباد (تلنگانہ) کی عدلیہ کو ہوگا۔

© تعمیر پبلی کیشنز

کتاب : **اردو: رسم الخط اور فروغ** (مضامین)

مرتب : **اعجاز عبید**

پروف ریڈنگ / تدوین : اعجاز عبید

صنف : تنقید و تحقیق

ناشر : تعمیر پبلی کیشنز (حیدرآباد، انڈیا)

سالِ اشاعت : ۲۰۲۴ء

صفحات : ۴۸

سرورق ڈیزائن : تعمیر ویب ڈیزائن

فہرست

(۱) ہندی، اردو اور ہندوستانی: مجھے کہنا ہے کچھ اپنی زبان میں   قیصر شمیم   6

(۲) اردو کے فروغ میں نشریاتی ادب کا حصہ   شکیل اختر   22

(۳) اردو کا زوال: ذمّہ دار کون؟   رشید انصاری   39

(۴) اردو اپنے رسم الخط کے ساتھ ہی زندہ رہے گی   عارف عزیز   45

(ا) ہندی، اردو اور ہندوستانی: مجھے کہنا ہے کچھ اپنی زبان میں

قیصر شمیم

"ہندی اردو اور ہندوستانی" — مجھے اب خاصا پامال مضمون معلوم ہوتا ہے۔ ممکن ہے کوئی زبان کا ماہر، اس میں، ندرت بیان کا کوئی نمونہ پیش کر سکے۔ مگر مجھ جیسے کوتاہ بیان کو اس میں خاصی دقت کا سامنا ہے۔ یہ دقت ویسی ہی ہے جیسی ہندو مسلم ایکتا پر بولنے میں ہوتی ہے، جس میں بقیہ مذہبی گروہوں کو چھوٹی امت سمجھ کر نظر انداز کر دیا جاتا ہے۔ گویا ہندو مسلمان شیر و شکر ہو جائیں تو بقیہ مختصر سی آبادی کی کیا پرواہ۔ پرانے زمانے کی بات اور تھی۔ اب یہ بات مجھے جمہوری مزاج کے منافی معلوم ہوتی ہے۔

اسی طرح ہندی اردو اور ہندوستانی پر گفتگو، اس لسانی بو قلمونی (Linguistic Diversity) سے ہماری توجہ ہٹاتی ہے جو حیاتیاتی بو قلمونی (Bio-diversity) کی طرح سرزمین ہندوستان بلکہ پورے جنوبی ایشیا کا ایک بڑا وصف ہے۔ سوائے پپوانیوگنی (Papua New Guinea) کے اتنی لسانی بو قلمونی کہیں اور دیکھنے میں نہیں آتی۔ اس کو لاحق خطرہ بھی حیاتیاتی بو قلمونی (Bio-diversity) کو لاحق خطرے کی طرح سنگین نتائج کا حامل ہے۔

حیاتیاتی بو قلمونی کو لاحق خطرات پر سائنسی برادری میں ہل چل ہے۔ حکومت بھی کسی حد تک متوجہ ہو رہی ہے۔ مگر زبان اور ثقافت کی دنیا میں جو کچھ ہو رہا ہے اس پر گفتگو بھی ذرا کم ہی ہو رہی ہے اور عملی اقدام نہ ہونے کے برابر ہے۔

ہم نے زبان اور ثقافت کے مسئلے کو اپنے طور پر دستر ساز اسمبلی میں حل کر لیا اور قانع ہو گئے۔ لیکن زبان اور ثقافت کا مسئلہ محض قانون کے ذریعہ حل نہیں ہوتا۔ دیگر سماجی اور سیاسی محرکات بھی اپنا کام کرتی ہیں۔ آزاد اور جمہوری سماج نے، جو موقع ہمیں گزشتہ آدھی صدی میں فراہم کیا تھا، اس میں ہم نے ثقافتی پالیسی کی طرف خاطر خواہ توجہ نہیں کی ہے۔ لہٰذا اب کھلی معیشت، آزاد منڈی اور اطلاعات کے آزادانہ بہاؤ، سے ابھرنے والے خطرات کے سامنے بے بس نظر آرہے ہیں۔ ہندی جو کئی ریاستوں کے علاوہ مرکزی سرکار کے کام کاج کی زبان بنائی گئی اور جس کی ترقی کے لیے سرکاری خزانہ کا منہ کھول دیا گیا، اس کے بعض ہمنوا اب ہنگلش (Hinglish) کی بات کر رہے ہیں۔ 2008 میں ہندی دیوس کے موقع پر ایک سرکاری چینل نے اس موضوع پر ایک مباحثہ کرایا۔ اس میں شریک ایک مرکزی یونیورسٹی کے صدر شعبۂ ہندی نے ہنگلش کی حمایت کی اور اسے لسانی ارتقاء سے تعبیر کیا—شتر مرغ کے بارے میں سنا ہے کہ وہ خطرے کی آہٹ پر اپنا سر ریت میں چھپالیتا ہے۔

ترکی کے ناول نگار، اورہان پامک کے ناول اسنو (Snow) میں اس کا ایک کردار، رستم وسہراب کی کہانی سناتا ہے اور پھر کہتا ہے:

"میں نے یہ کہانی تمہیں اس لیے نہیں سنائی کہ میری زندگی میں اس کی کیا اہمیت ہے یا میری زندگی سے اس کا کیا تعلق ہے؛ بلکہ یہ بتانے کے لیے سنائی کہ اب اسے بھلا دیا گیا ہے۔۔۔ ہزار سال پرانی یہ کہانی فردوسی کے شاہنامہ کی ہے۔ ایک وقت تھا جب تبریز سے استنبول تک اور بوسنیا سے ترب زون تک لاکھوں لوگوں کو یہ کہانی یاد تھی۔ وہ جب بھی اسے دہراتے، اسے اپنی زندگی میں بامعنی پاتے۔ یہ کہانی ان کے لیے ویسی ہی اہم تھی جیسی پوری مغربی دنیا کے لیے اوڈپس کے ذریعہ باپ کا قتل یا میکبیتھ کو اقتدار اور

موت کا خوف۔ مگر اب چونکہ ہم مغرب کے طلسم میں گرفتار ہیں، ہم اپنی ان کہانیوں کو بھول گئے ہیں۔ ہماری نصابی کتابوں سے ایسی تمام پرانی کہانیاں ہٹا دی گئی ہیں۔ ان دنوں استنبول میں ایک بھی کتب فروش ایسا نہیں جس کے پاس شاہنامہ موجود ہو۔"

یہ وہ آئینہ ہے جس میں ہم اپنی تصویر بھی دیکھ سکتے ہیں۔

عہد وسطیٰ میں بلاد اسلامیہ کے نام سے یاد کیے جانے والے خطہ، یعنی ترکی سے مرکزی ایشیا تک اور جنوبی ایشیا سے افریقہ کے متصل علاقہ تک بولی جانے والی زبانوں میں ایک مشترکہ نظریۂ حیات کی پرورش ہوئی جس میں اسلامی عقائد، یونانی اور سنسکرت فلسفہ، دیگر مذاہب کی روایتیں اور رسوم و رواج مل کر شیر و شکر ہو گئے۔ اس کا ارتقاء فارسی میں عمر خیام، مولانا روم حافظ سعدی و نیز امیر خسرو سے بیدل تک ہوتا رہا۔ یہ نظریہ حیات اپنی تمام رعنائیوں کے ساتھ، ترکی، اردو اور مرکزی ایشیا کی زبانوں میں در آیا اور اس نے ثقافتی سطح پر ایک مشترکہ ایشیائی فکر کو جنم دیا۔ اس لیے رستم و سہراب کا المیہ، میکبتھ یا اوڈی پس کے المیہ سے اسی طرح الگ ہے جس طرح مشرقی اور مغربی شاعری کا مزاج الگ ہے۔

اس تہذیبی فرق اور ثقافتی کشمکش کو پامک نے اپنے نوبل انعام یافتہ ناول My Name is Red میں سولہویں صدی کے پس منظر میں بڑی خوبی سے اجاگر کیا ہے۔ یہ بھی المیہ ہے کہ اب ہم ترکی ادب کا مطالعہ انگریزی کی مدد سے کرنے پر مجبور ہیں اور مشترکہ ایشیائی فکر کی زبانیں ایک دوسرے کے لیے اجنبی بنتی جا رہی ہیں — جو نصابی کتابیں پڑھائی جا رہی ہیں، جو ادب دستیاب ہے، الکٹرانک میڈیا کے ذریعہ جو کچھ پیش کیا جا رہا ہے، ان کی حیثیت ایک تہذیبی یلغار کی ہے — اور نتیجہ سامنے ہے۔

ہندوستان کی صورتحال یہ ہے کہ 1835 میں لارڈ ٹی۔ بی۔ میکالے نے رنگ و نسل

کے اعتبار سے ہندوستانی مگر ذہن و مذاق کے اعتبار سے انگریز افراد پیدا کرنے کا جو خواب دیکھا تھا۔ اس کی تکمیل گلوبلائزیشن یعنی نئی جغرافیائی وسعت، اور انسانی زندگی کی نئی پنہائیوں پر محیط عالمی نظام، کثیر ملکی کمپنیوں کے ذریعہ اطلاعاتی ٹکنالوجی کے استعمال، عالمی سٹہ بازاری، بلا روک بین ملکی سرمایہ کاری و نیز قومی حکومتوں کے اقتدار میں کمی اور قومی زبانوں کی پسپائی کی شکل میں نمودار ہو رہی ہے —اور ان سب کے نتیجہ میں متبادل فکر اور ان زبانوں سے وابستہ متبادل نظریۂ حیات، سمٹ سکڑ رہا ہے جو بالآخر ثقافتی بو قلمونی کا خاتمہ کر کے یک رنگی دنیا کو جنم دے سکتا ہے —ایک بڑے معیار بند بازار کی تشکیل، جس کی زبان اور اقدار مشترک ہوں، کثیر قومی کمپنیوں کے لیے تجارتی آسانی پیدا کر دیتا ہے۔

حیاتیاتی بو قلمونی اور ثقافتی و لسانی بو قلمونی کو درپیش خطرات کی وجہیں بڑی حد تک مشترک ہیں۔ جنگلوں کا بے دریغ کٹنا، انواع واقسام کے نباتیاتی نمونوں کا فنا ہونا، جانوروں اور کیڑوں مکوڑوں کی انمول انواع کا ختم ہونا و نیز زبانوں اور ثقافتوں پر نازل آفت کو ایک دوسرے سے الگ کر کے نہیں سمجھا جا سکتا ہے۔ یہ ایک دوسرے سے مربوط ہیں اور اپنی بقاء کے لیے ایک دوسرے پر منحصر بھی۔

ترقی یافتہ ممالک اعداد و شمار کو حاصل کرنے، ان کو محفوظ رکھنے اور ان کا تجزیہ کرنے کی تکنالوجیکل برتری کی وجہ سے برق رفتاری سے ایسے فیصلے کر سکتی ہیں جو ان کے لیے زیادہ سے زیادہ منافع بخش ہو۔ انگریزی زبان اور اس کی جلو میں آنے والے اقدار و افکار کا پھیلنا اس کام میں ان کی معاونت کرتا ہے۔ اس سے جہاں کثیر قومی کمپنیوں کی ترقی ہو رہی ہے وہیں اس سے پسماندہ ممالک میں معیشت اور تمدن ہی نہیں خود سلامتی کے بھی مسائل پیدا ہو رہے ہیں۔ گزشتہ صدی میں جب ناوابستہ ممالک کی تحریک اپنے عروج پر تھی تو نامیڈیا (NAMEDIA) اس کے بطن سے پیدا ہوئی۔ اطلاعات اور

ترسیل کی عالمی سطح پر تنظیم نو کی مانگ، اس جدوجہد کا حصہ تھی جو غیر ترقی یافتہ نو آزاد ممالک، ترقی یافتہ ممالک کی بالا دستی کے خلاف کر رہے تھے۔ مزید برآں یہ خوف کہ کمپیوٹر اور ترسیلی قوت سے مسلح، کثیر قومی کمپنیاں، دوسروں کو معاشی، سیاسی اور ثقافتی طور پر دبوچ لیں گی محض ان غیر ترقی یافتہ ممالک تک محدود نہیں تھا جنہوں نے نئے عالمی اطلاعاتی اور ترسیلی تنظیم (NWICO) کے لیے تحریک چلائی تھی۔ بلکہ اس زمانہ میں مغرب کے بہت سے ترقی یافتہ ممالک بھی اس خوف میں مبتلا تھے کہ زیادہ بڑی مچھلی، نسبتاً چھوٹی مچھلی کو کھا جائے گی۔ کینیڈا بہت دنوں تک اطلاعاتی ٹکنالوجی کے پیش رفت سے پیدا ہونے والے معاشی اثرات کا شاکی رہا تھا۔ فرانس نے ثقافتی سامراجیت کی شکایت کی تھی۔ سویڈن نے بار بار اس قسم کے خدشات کا اظہار کیا تھا۔ اس طرح NWICO کو عالمی حمایت حاصل ہو سکی تھی۔ ایک طویل جدوجہد کے بعد بالآخر 1976 میں نیروبی میں ہونے والی یونیسکو کی جنرل اسمبلی کے اجلاس میں یونیسکو کو ہدایت دی گئی کہ وہ ترسیل کے مطالعہ کے لیے ایک کمیشن مقرر کرے۔ نتیجہ میں ایک سولہ رکنی کمیشن کو یہ کام سونپا گیا جس کے سربراہ آئرش وکیل، صحافی، سیاست داں، نوبل انعام یافتہ اور لینن انعام یافتہ سین میک برانڈ تھے۔ اس کمیشن نے 1979 میں اپنی رپورٹ تیار کی جو اس قرارداد کی بنیاد بنی جسے 1980 میں بلغراد میں ہونے والے یونیسکو کے اکیسویں جنرل کانفرنس میں منظور کیا گیا اور جو نئے اطلاعاتی نظام کی جدوجہد کا ایک روشن باب ہے۔ پھر دیکھتے ہی دیکھتے دنیا یک قطبی ہو گئی۔ اب خود اقوام متحدہ کا وجود خطرہ میں ہے۔ ناوابستہ ممالک کی تحریک بدلے ہوئے حالات میں اپنے استعمار مخالف کردار کو متعین کرنے میں ناکام ہے۔ NWICO پر گفتگو تقریباً ختم ہو چکی ہے اور تیسری دنیا کے ممالک کے لوگ معاشی اور تہذیبی یلغار کے سامنے اب بے بس نظر آ رہے ہیں۔

قیاس لگایا جارہا ہے کہ دنیا میں جو پانچ ہزار زبانیں اس وقت موجود ہیں ان میں سے پچاس فیصد، اس صدی کے اختتام تک گم ہو جائیں گی۔ زبانیں، انسانی تجربات کا گنجینہ ہیں ـــجب کوئی زبان معدوم ہوتی ہے تو اس کے ساتھ، انسانی تجربات کا ایک بڑا ورثہ بھی دفن ہو جاتا ہے۔ Andrews Dalby نے اپنی معروف کتاب Language in Danger (2002) میں اس کا بہت عمدہ تجزیہ پیش کیا ہے۔ لیکن اس کتاب میں اور ایسی دیگر مباحث میں زیادہ تر مغربی ممالک کا مطالعہ کیا گیا ہے؛ جبکہ ایشیا اور خصوصاً جنوبی ایشیا کی صورتحال بھی ایک تفصیلی مطالعہ کی متقاضی ہے ع

"صلائے عام ہے یارانِ نکتہ داں کے لیے"

ماحولیات کے مشہور رسالہ Down to Earth نے 15 فروری 2008 کے شمارے میں رپورٹ کیا تھا کہ نیپال میں ڈورا (Dura) نام کی ایک ایسی زبان بھی ہے جس کی بولنے والی صرف ایک 82 سالہ سوما دیوی بچی ہے۔ ڈورا، تبتی برمی خاندان کی زبان ہے اور سوما دیوی کے مرنے کے بعد یہ زبان معدوم ہو جائے گی۔ اس لیے ایک نیپالی ماہر لسانیات کیدار ناگی لم (Kedar nagilum) نے اس زبان کے ڈیڑھ ہزار الفاظ اور دو سو پچاس جملوں کو محفوظ کر لیا ہے۔ ہندوستانی زبانوں کا مرکز اگر فنا پذیر ہندوستانی زبانوں کے لیے ایسا کوئی کام کرے تو کیا خوب ہو۔

Down to Earth نے اپنے اسی شمارے میں اطلاع دی تھی کہ کوسودا (Kusuda) یا کسنڈا (Kusunda) نامی زبان جسے گم شدہ سمجھ لیا گیا تھا، اس کے جاننے والے تین افراد اب بھی موجود ہیں۔ مغربی نیپال میں ایک ماں بیٹی اس زبان میں گفتگو کرتی ہے۔ اس کے علاوہ کسی اور ضلع میں ایک 77 سالہ عورت کا پتہ چلا ہے جو اس زبان کو جانتی ہے مگر 1940 کے بعد اس کو اس کے استعمال کا موقع نہیں ملا۔ جب اسے، اس کا

موقع فراہم کیا گیا تو اس نے اپنی گفتگو کی روانی سے لوگوں کو حیران کر دیا۔

ان دو چھوٹی چھوٹی خبروں کی تفصیل خاصی ہولناک ہے۔ کسنڈا اپنی انوکھی خصوصیات کی وجہ سے ان زبانوں میں سے ایک ہے جن کے بارے میں ماہر لسانیات یہ طے نہیں کر پائے ہیں کہ ان کو زبانوں کے کس گروہ (Phylum) یا خاندان (Family) میں شامل کیا جائے۔ ان کو وہ Language Isolates کا نام دیتے ہیں۔ جانوروں میں بھی ایک ایسی قسم ہے جس کو Connecting Links یا Missing Links کہا جاتا ہے۔ وہ اگر ختم ہو جائیں تو ارتقاء کی تاریخ نامکمل رہ جائے گی۔ لہٰذا ایسی زبانوں کا ناپید ہونا ناقابل تلافی نقصان ہو گا۔ کسنڈا، نیپال کے قدیمی باشندے ہیں۔ ان کی بچی کھچی آبادی نے بیسویں صدی کے وسط میں اپنے لیے سنہا، سین، ساہی اور خان جیسے چار ہند۔ آریائی لقب اختیار کر لیے اور پھر دوسری زبان کے بولنے والوں میں مدغم ہوتے چلے گئے۔ 1960 اور 1970 کی دہائی تک ان کے بولنے والے نظر آتے تھے مگر اب Down to Earth کی اطلاع کے مطابق کل تین افراد اس زبان کو جانتے ہیں۔

جنوبی ایشیا کی ایسی زبانیں جن کو Language Isolates کہا جاتا ہے ان میں نہالی (Nahali) بھی ہے جس کے بولنے والے، مدھیہ پردیش میں، تاپتی ندی کے جنوب میں گوالی گڑھ کی پہاڑیوں کے گرد بسے ہوئے ہیں۔ اب ان کے بولنے والوں کی تعداد دو ہزار بھی نہیں رہ گئی ہے۔

اسی قسم کی ایک اور زبان بورشکی (Burushki) ہے جس کے بولنے والے لوگ ہنزا اور نگر میں پچاس ہزار کی تعداد میں اور یٰسین میں اسی ہزار کی تعداد میں موجود ہیں۔ ان کی اچھی خاصی تعداد گلگٹ میں بھی آباد ہے۔ لیکن یہ زبان چاروں طرف سے ایرانی اور ہند آریائی زبانوں سے گھری ہوئی ہے اور باہری دنیا کا دباؤ اس پر بڑھتا جا رہا ہے۔

1891 میں برطانیہ کے زیر نگیں آنے سے قبل یہ خطہ لگ بھگ خود مختار تھا۔ 1972 میں بھٹو نے اس رجواڑے کی خود مختاری ختم کی اور 1974 میں رجواڑے کا ہی خاتمہ ہو گیا۔ 1968 میں بننے والی قراقرم شاہراہ کی وجہ سے باہری دنیا کا دباؤ بڑھ گیا ہے اور اب چند دہائیوں میں اس زبان کے معدوم ہو جانے کا خدشہ ظاہر کیا جا رہا ہے۔

انڈومان جزائر میں، ایسی ہی انوکھی، تین درجن سے زائد زبانیں کھو چکی ہیں اور جو بچی ہیں ان میں سے جاروا (Jarwa) اور اونگ (Onge) کے بولنے والوں کی تعداد سو سے بھی کم ہے۔ اطلاع ملی ہے کہ جواہر لال نہرو یونیورسٹی کے شعبۂ لسانیات کے کوئی صاحب ایک پروجکٹ بنا کر وہاں کام کر رہے ہیں۔ مگر یہ کام ایک پروجکٹ سے کہیں بڑا ہے۔ 1

یہ آفت صرف ان زبانوں پر نہیں آئی ہے جن کو Language Isolates کہا جاتا ہے۔ George Van Driem نے جنوبی ایشیا کی فنا پذیر زبانوں کی جو تفصیل پیش کی ہے وہ خاصی ہولناک ہے۔

Down to Earth نے جس ڈورا زبان کے بارے میں اطلاع دی کہ اب اس کی بولنے والی صرف 82 سالہ سو مادیوی بچی ہے، وہ زبان 1970 کی دہائی تک پوڑی (Paudi) اور مِڈِم (Midim) دریایوں کے درمیانی خطہ میں لم جن (Lumjun) میں بولی جاتی تھی۔ ڈورا جس تبتی۔ برمی خاندان سے تعلق رکھتی ہے اس خاندان کی اور بہت سی زبانیں فنا پذیر ہیں۔ مثلاً: اسی خاندان کی پیو (Pyu) جو موجودہ میان مار کے علاقہ میں بولی جاتی تھی اب تقریباً ناپید ہو چکی ہے۔ اسی خاندان کی ایک اور زبان رنگکاس (Rangkas) کے بولنے والے بیسویں صدی کی ابتداء تک موجود تھے مگر اب ان کا کوئی سراغ نہیں ملتا۔ اسی تبتی-برمی خاندان کی نیواریک زبانیں (Newarik

Languages)جن میں تحریر کی روایت بارہویں – تیرہویں صدی میں موجود تھی، اپنے وطن کاٹھمنڈو کی وادی میں معدوم ہو رہی ہیں اور ان کی جگہ نیپالی لے رہی ہے جو اس وادی کی بولی نہیں ہے۔

نیپال میں سو سے زائد زبانیں ہیں۔ مگر ان میں متعدد ایسی ہیں جن کے بولنے والوں کی تعداد سو سے زیادہ نہیں ہے۔ ان میں رائے (Rai) زبان ہے جس کے بولنے والوں کی تعداد 1991 میں پانچ لاکھ سے زائد تھی۔ 2001 کی ہندوستان مردم شماری میں ان کی تعداد 14 ہزار بتائی گئی ہے۔ پھر لمبو (Limbu) گروپ کی زبانیں ہیں جن کے بولنے والے تقریباً تین لاکھ لوگ مشرقی نیپال سے سکم تک پھیلے ہوئے ہیں۔ 2001 میں اس کے بولنے والے 37,265 لوگ ہندوستان میں تھے۔ اس گروپ کی زبان Phedappe موجودہ نسل کی موت کے ساتھ ہی ختم ہو جائے گی۔ لیکن اس سے بڑا خطرہ یہ ہے کہ اگر باقاعدہ کوشش نہیں کی گئی تو شاید اکیسویں صدی کے آخر تک پورے لمبو گروپ کا ہی خاتمہ ہو جائے گا۔ خود ہند آریائی خاندان کی تین زبانیں دنوور (Danuwar)، درائی (Darai) اور ماجھی (Majhi) معدوم ہونے والی ہیں۔ اس لیے کہ اس کے بولنے والے نیپالی زبان کی طرف راغب ہو گئے ہیں۔ نیپال، اس کی ترائی اور منی پور میں بولی جانے والی متعدد ہند آریائی زبانیں تقریباً غائب ہو چکی ہیں؛ ان میں کمہاروں کی بولی کہالی بھی ہے اور گنگائم بھی جو مشرقی بہار اور مشرقی نیپال میں مروّج تھی۔

اسٹرو ایشیاٹک خاندان، جنوب اور جنوب مشرقی ایشیا کا قدیم ترین لسانی خاندان ہے۔ اس خاندان کی چار زبانوں —یعنی Khmer، ویت نامی، کھاسی اور سنتھالی کو چھوڑ کر بقیہ دو سو سے زائد زبانیں خاتمہ کی طرف بڑھ رہی ہیں۔ حتیٰ کہ مون (Mon) زبان،

جس میں تحریر کی روایت، ساتویں صدی میں موجود تھی، اس خطرہ کا شکار ہے۔ نکوبار جزائر میں اسی گروہ خاندان زبانیں پو ((Pu، Powahat, Taihlong, Tatet, Ong, Lo'ong, Tehnu, Laful, Nancowry وغیرہ کے بولنے والوں کی مجموعی تعداد بیس ہزار سے زیادہ نہیں ہے۔ ان کے علاوہ وہاں ایک انوکھی زبان Shompen بھی ہے جس کے بولنے والے 1981 میں 223 افراد تھے۔

اسی لسانی گروہ کی تقریباً 18 زبانیں — جن کے بولنے والے کئی لاکھ افراد جھارکھنڈ، مدھیہ پردیس، اڑیسہ، بہار، آسام اور مغربی بنگال میں پائے جاتے ہیں — ہر طرف سے ہند۔ آریائی زبانوں کا دباؤ جھیل رہی ہیں۔ ان میں سنتھالی کو چھوڑ کر بقیہ سب زوال پذیر ہیں۔ نہ صرف یہ کہ سنتھالی میں مزاحمت کی بڑی صلاحیت ہے بلکہ اسے سرکاری سرپرستی بھی حاصل ہو گئی ہے۔ مگر بقیہ منڈا زبانوں کا کیا حشر ہو گا اس کا اندازہ لگانا مشکل نہیں ہے۔

ہمیں یہ غلط فہمی نہیں ہونی چاہئے کہ یہ لسانی ڈرامہ صرف شمال تک محدود ہے اور جنوبی ہندوستان میں گویا سب ٹھیک ٹھاک چل رہا ہے۔ وہاں کنٹر، تامل، تلگو اور ملیالی کے علاوہ جو پچیس زبانیں مروج ہیں، ان کے سر پر بھی خطرہ منڈلا رہا ہے۔ ان میں Tulu جیسی خالص جنوبی دڑاوڑی زبان ہے جس کے بولنے والے دس لاکھ سے زائد لوگ منگلور اور کسر کوڈ میں پائے جاتے ہیں اور جس کا رسم خط "گرنتھ"، ملیالی جیسا ہے۔ اس میں 1842 سے نصابی کتابیں اور انجیل کے ترجمے چھپتے رہے ہیں۔ اسی طرح کی ایک اور زبان Kuvi ہے، جس کے بولنے والے پانچ لاکھ سے زائد لوگ اڑیسہ کے کالا ہانڈی سے آندھرا کے وشاکھا پٹم تک پھیلے ہوئے ہیں۔ عیسائی مبلغوں نے رومن اور اڑیہ دونوں رسم خط میں اس کی طباعت کی ہے۔ ان میں ایک دلچسپ دڑاوڑی زبان Brahui ہے

جس کے پانچ لاکھ بولنے والے پاکستان کے حیدر آباد، کراچی اور خیر پور سے ہوتے ہوئے پاس کے افغانی اور ایرانی علاقے میں پھیلے ہوئے ہیں۔ اس میں تحریر کی روایت تین صدی پرانی ہے؛ گرچہ اس کا ادبی سرمایہ زیادہ وقیع نہیں ہے۔ اس دڑاوڑی زبان کو فارسی کے ایک ترمیم شدہ رسم خط میں لکھا جاتا ہے —لسانیات کا جال، ساری حد بندیوں کو توڑ کر دلچسپ حقائق سے روبرو کراتا ہے۔ مگر George Van Driem کے سروے یا اس قبیل کی دیگر تحریروں میں بھی جنوبی ایشیا کی لسانی بو قلمونی کی مکمل تصویر نہیں ابھرتی ہے۔ مثال کے طور پر ہندی پٹی کی متعدد بولیوں کو قانونی طور پر ہندی کی بولیاں گردانا گیا ہے۔ اس لیے سروے میں بھوجپوری، مگہی، اودھی، برج وغیرہ کا الگ الگ ذکر مشکل سے ہوتا ہے۔ بہار کے 12 اور مشرقی اتر پردیس کے 16 اضلاع پر مشتمل بھوجپوری بولنے والوں کا کہنا ہے کہ ان کی زبان بین الاقوامی حیثیت کی مالک ہے۔ دلیل یہ ہے کہ ماریشس کی ستر فیصد آبادی دراصل بھوجپوری بولتی ہے۔ اسی طرح سوری نام، فجی اور بہت سے ممالک میں بھوجپوری بولنے والے آباد ہیں۔ بھوجپوری کا ادب بھی موجود ہے اور اس میں فلمیں بھی بن رہی ہیں۔ اب ایک ٹیلی ویژن چینل بھی کام کر رہا ہے۔ بھوجپوری میں ناول لکھنے والوں میں راہل سانکر تیاین جیسے قد اور لوگوں کا نام آتا ہے۔

بھوجپوری بولنے والوں کی نہ صرف تعداد بڑی ہے بلکہ اس میں مزاحمت کی بھی زبردست صلاحیت ہے۔ لیکن یہی بات مگہی، اودھی یا برج کے بارے میں نہیں کہی جاسکتی ہے۔ ان کا دائرہ دن بدن سمٹ رہا ہے۔ یہی حال ماڑواڑی، ہریانوی اور شمالی بہار کی زبان وجّیکا کا ہے۔ خود راجستھانی دباؤ کا شکار ہے۔ اس لیے مغربی ماہر لسانیات جو سروے پیش کر رہے ہیں مسئلہ اس سے کہیں بڑا ہے۔

دستور ساز اسمبلی میں 14 ستمبر 1949 کو ناگری رسم خط میں ہندی کو یونین کی زبان

تسلیم کیا گیا اور اسے رابطہ کی زبان کی حیثیت سے ترقی دینے کی بات طے ہوئی تو اس کے پس پشت یہ تصور کار فرما تھا کہ یہ ہندوستان اور ملک کی دیگر زبانوں سے بڑے پیمانے پر جذب و قبول کا سلسلہ شروع کرے گی اور ان زبانوں کے تہذیبی عناصر کو سمیٹ کر ایک ایسے بڑے تہذیبی دھارے کی شکل اختیار کرے گی جس میں ہر لسانی خطے کے لوگ اپنا عکس دیکھیں گے۔ چنانچہ دستور کے دفعہ 351 میں مندرج ہے:

"دفعہ 351: ہندی زبان کو فروغ دینے کے لیے ہدایت

"یونین کا یہ فرض ہو گا کہ ہندی زبان کی اشاعت کو فروغ دے تا کہ وہ بھارت کی ملی جلی تہذیب کے تمام عناصر کے لیے اظہار خیال کے ذریعہ کے طور پر کام آئے اور، اس کے مزاج میں دخل انداز ہوئے بغیر، ہندوستانی اور آٹھویں فہرست بند میں مندرجہ، بھارت کی دوسری زبانوں میں استعمال ہونے والی تراکیب، اسلوب اور اصطلاحات کو جذب کر کے اور، جہاں بھی ضروری ہو یا مناسب ہو، اس کے ذخیرۂ الفاظ کے لیے اولاً سنسکرت اور ثانیاً دوسری زبانوں سے اخذ کر کے اس کو مالا مال کرے۔"

اس دفعہ کی منظوری غیر متنازعہ نہیں تھی۔ 12 ستمبر 1949 کی سہ پہر میں این گوپالا سوامی آئنگر نے جو ترمیم پیش کی تھی اور جسے بالآخر 14 ستمبر 1949 کی شام تک منظور کر لیا گیا، اس کی بنیاد، ڈرافٹنگ کمیٹی میں اکثریت کی رائے پر تھی۔ ان تین دنوں میں جو بحث ہوئی وہ کوئی خوش گوار بحث نہیں تھی اور اب اسے انیسویں صدی کے لسانی تنازعہ کی طرح، محض ماضی سے سبق حاصل کرنے کے لیے پڑھا جا سکتا ہے۔ جواہر لال نہرو نے 13 ستمبر 1949 کو اپنی تقریر میں اس پر بہت جامع تبصرہ کیا تھا۔ اپنی اس تقریر میں، این گوپالا سوامی آئنگر کی تجویز کی حمایت کرتے ہوئے انہوں نے کہا تھا:

"مجھے نہیں معلوم اس زبان کا مستقبل کیا ہو گا۔ لیکن مجھے یقین ہے کہ اگر ہم ہندی

کے معاملہ میں دانشمندی سے کام لیں گے۔ اسے اخراجی (Exclusive) کے بجائے جاذب (Inclusive) زبان بنا کر، اور اس میں ہندوستان کی زبان کے تمام عناصر کو سمو کر جو اردو یا ملی جلی ہندوستانی کی شکل میں جلوہ گر ہوئی ہے — قانون کے ذریعہ نہیں، یاد رکھیے، اگر میں پھر یہ کہوں کہ اُس طرح نہیں کہ اسے جو لوگ ناپسند کرتے ہیں، ان پر ٹھونس کر — تو مجھے کوئی شک نہیں کہ یہ ترقی کرے گی اور ایک عظیم زبان بن جائے گی۔
"

یہ وہ پس منظر تھا جس میں گوپالا سوامی آئنگر کی ترمیم I301 منظور ہوئی تھی، جو ناگری کی شمولیت کے ساتھ، دفعہ 351 کی شکل میں دستور ہند میں شامل ہے۔ اس نے یونین کی زبان ہندی کی ترقی کے خطوط متعین کر دیے کہ یہ زبان ہندوستانی اور دیگر زبانوں کے ملے جلے تہذیبی عناصر کو سمیٹ لے گی اور اپنی لفظیات کے لیے، بنیادی طور پر سنسکرت مگر ثانوی طور پر دیگر ہندوستانی زبانوں کے ساتھ اخذ و قبول کا سلسلہ شروع کرے گی۔

سنسکرت کی بات یوں ضروری تھی کہ ہر ترقی پذیر زبان، اپنے الفاظ و اصطلاحات کے لیے اپنے قریب ترین کلاسیکی زبان پر انحصار کرتی ہے۔ مگر ہندوستانی اور دیگر قومی زبانوں سے اخذ و قبول کی بات بڑی دانشمندی سے کہی گئی تھی۔ لیکن عملی طور پر ایسا نہیں ہوا۔ ان الفاظ و اصطلاحات کو بھی خارج کر دیا گیا جو سرکاری کام کاج اور عدالت میں عام استعمال میں تھے۔ یعنی ہندی کو ایک بڑے تہذیبی دھارے میں بدلنے کے بجائے ایک چھوٹی ندی کی شکل میں ترقی دی گئی۔ تعصب کے اس کھیل نے ہندی کو ایک بڑے ورثہ سے محروم کر دیا۔ چنانچہ انگریزی کی یلغار اسے اس مقام پر لے آئی ہے جہاں ہندی زبان کا ایک پروفیسر اور ایک مرکزی یونیورسٹی کا صدر شعبہ، ہنگلس کی حمایت بر سر عام کر رہا

ہے اور اس پر کسی کو غصہ نہیں آ رہا ہے۔ گویا ہندی جیسی اہم زبان جس کے پس پشت، اس کی ماں جائی اردو کی عظیم الشان روایت موجود ہے، اس کی حیثیت ایک بیل کی سی ہو گئی ہے جو انگریزی کے تناور درخت کے بنا پھل پھول نہیں سکتی۔

عالم کاری کے اس دور میں، انگریزی زبان اور مغربی تہذیب کے مقابلہ میں ہندی کی پسپائی، اس کی داخلی توانائی کی کمی کا نتیجہ ہے۔ ساٹھ کی دہائی میں ہندی کے جوشیلے ہمنوا اور بعض سیاسی پارٹیوں کے کارکنان، اترپردیس میں انگریزی کے سائن بورڈ پر سیاہی پوت رہے تھے۔ آج ان کی جانشین پارٹیوں کے ایجنڈے سے ہندی خارج ہو چکی ہے ؛اس لیے کہ اب ان کی تیسری نسل، ہندی زبان اور اس کی روایات میں رچی بسی نہیں ہے، بلکہ خالص مغرب زدہ ہے۔ دیگر ہندوستانی زبانوں کی طرح، ہندی میڈیم میں پڑھنے والے وہ لوگ بچے ہیں جو انگریزی میں تعلیم حاصل کرنے کی استطاعت نہیں رکھتے۔ ہندی کے بعض کم ہمت اُدبا اور دانشور، مسئلہ کی جڑ تک پہنچنے اور اس کا تدارک کرنے کے بجائے مارکیٹ اکانومی اور ہنگلش کی حمایت کر رہے ہیں۔ یہ ایک خطرناک صورتحال ہے۔ اس لیے ہمیں اس پورے عمل کے طبقاتی کردار پر غور کرنا چاہیئے — لینن نے 1914 میں ایک مضمون لکھا تھا جس کے انگریزی ترجمہ کا عنوان ہے Is a Compulsory Official Language Really needed۔ پھر 1928-30 سے انحراف کا جو سلسلہ شروع ہوا، اس نے سویت یونین کے بکھراؤ میں اپنا کردار ادا کیا اور اسی انحراف کے نتیجہ میں چین کے سنکیانگ میں ایسی بیچینی ہے کہ "دیکھیے اس بحر کی تہہ سے اچھلتا ہے کیا۔" کیا اچھا ہو کہ ہندوستانی زبانوں کے مرکز میں ان تمام امور پر غور و فکر کا سلسلہ شروع ہو۔

جب غور و فکر کا سلسلہ شروع ہو گا اور ہندی، اردو اور بولیوں کی ترکیب سے

ہندوستانی کا خمیر تیار کریں گے تو یہ طے کرنا ہو گا کہ اس کا خمیر تد بھو مائل ہو گا یا تدسم کی طرف۔ اردو اپنے مزاج کے اعتبار سے تد بھو کی طرف مائل ہے۔ اٹھارہویں صدی میں خان آرزو اور شیخ علی حزیں کے درمیان معارضہ کی بنیاد یہی تھا۔ خان آرزو کا استدلال یہ تھا کہ ایران کی فارسی میں کسی لفظ کا تلفظ خواہ کچھ بھی ہو اور آپ اس سے کوئی بھی معنی مراد لیتے ہوں اردو میں وہی درست ہے جس طرح سے ہندوستان میں اسے بولتے اور سمجھتے ہیں۔ اردو کا مزاج آج بھی وہی ہے۔ اصل لفظ سوریہ ہو گا مگر اردو میں سورج اور سورج گرہن اور سورج درشن ہی درست ہے۔ پانی اردو میں پانی رہے گا خواہ اس کا اصل تلفظ کچھ بھی رہا ہو۔ یہ اور ایسی بہت سی باتیں ہیں جن کے بارے میں طے کرنا ضروری ہے کہ ہندوستانی کا لسانی مزاج کیا ہونا چاہئے ۔ وہ جو عوام بولتے ہیں یا کچھ اور۔

سوالات تو بہت ہیں۔ مسائل و مشکلات بھی بے شمار۔ مگر جذب و قبول اور اخذ و استفادہ کی ایک روایت بھی موجود ہے۔ جو دھپور یونیورسٹی میں پروفیسر نامور سنگھ کے ساتھ جو ہوا اس سے ہم سب واقف ہیں، مگر این سی ای آر ٹی کی ہندی کتابوں پر وہ کافی حد تک اثر انداز ہوئے۔ ہندوستانی زبانوں کے مرکز میں ہندی اور اردو دونوں کو لازمی طور پر پڑھانے کی جو روایت ان کی کوششوں سے شروع ہوئی وہ گزشتہ 36 سال میں خاصی مستحکم ہو چکی ہے۔ مجھے نہیں معلوم کہ ہندوستان کی کسی اور یونیورسٹی نے اس کی تقلید کی ہے مگر ان کے شاگرد چمن لال نے روزنامہ ٹری بیون کے ذریعہ پنجابی کو فارسی اور گورمکھی دونوں رسم خط میں پڑھانے کی حمایت کی اور راقم نے اس پر تفصیل سے مضمون لکھا۔ اس مرکز سے نکلنے والے بیشتر طالب علم اسی قسم کے خیالات کا اظہار کرتے نظر آتے ہیں اور شاید یہی مناسب راہِ عمل ہے۔

ہم اگر انصاف کے طالب ہیں تو اپنے مزاج میں بھی منصفی پیدا کرنا لازم ہے۔ اور

جب مزاج میں منصفی پیدا ہو گی اور چھوٹی سے چھوٹی زبان اور بولی کو پھولنے پھلنے کا موقع ملے گا، تو پھر ہندی، اردو اور دیگر ہندوستانی زبانوں اور بولیوں کا مشترکہ محاذ تیار ہو گا جس کی کمان میں تہذیبی یلغار کا مقابلہ کیا جا سکے گا۔ جمہوریت کا مطلب اکثریت بازی (Majoritism) نہیں ہے۔ جمہوریت کا تقاضہ ہے کہ چھوٹی سے چھوٹی اقلیت کے حقوق کی حفاظت کی جائے؛ خواہ وہ مذہبی اقلیت ہ یا لسانی اقلیت۔

(ہندوستانی زبانوں کا مرکز کے یومِ تاسیس کے موقع پر 28 اکتوبر 2009 کو جواہر لال نہرو یونیورسٹی میں دیا گیا کلیدی خطبہ۔ اس جلسہ میں ہندوستانی زبانوں کے مرکز کے چیرمین پروفیسر چمن لال نے اپنی تقریر میں کہا کہ دسویں جماعت تک ناگری اور اردو دونوں رسم خط کو لازمی طور پر پڑھایا جائے تو یہ مسئلہ اپنے آپ ہی حل ہو جائے گا۔)

(۲) اردو کے فروغ میں نشریاتی ادب کا حصہ

شکیل اختر

ہندوستان میں باقاعدہ نشریاتی کا آغاز پہلی جنوری 1936 کو ہوا۔ اس سے قبل ہندوستان میں نشریات کا سلسلہ بکھرا ہوا تھا۔ ہندوستان میں نشریات کے آغاز سے ہی نشریاتی ادب کے ہلکے ہلکے نقوش ابھرنے لگے تھے اور مختصر مدت ہی میں اس نے ادب کے وسعت اور امکانات میں بے حد اضافہ کیا اس کی سب سے اہم وجہ یہ تھی کہ ریڈیو میں ابتدائی سے اردو زبان کو ایک کلیدی حیثیت حاصل رہی ہے اور تمام اہم مراکز سے اسی زبان میں پروگرام نشر کئے جاتے تھے۔ دوسرح طرف ہندوستان میں نشریات کے آغاز ہی میں پطرس بخاری اور ذوالفقار بخاری جیسے اردو داں حضرات نے جہاں ریڈیو نشریات کو مستحکم کیا وہیں ان دونوں بھائیوں نے غیر دانستہ طور پر نشریاتی ادب کی روایت کا آغاز بھی کیا اور چن چن کر اردو داں حضرات کو اس نئے میڈیم سے روشناس کروایا۔ دیکھتے ہی دیکھتے اردو میں نشریاتی ادب کی داغ بیل پڑنے لگی اور گذشتہ صدی کے اختتام تک اس میں ادب کا ایک وسیع ذخیرہ ہو گیا جس نے عمومی طور پر اردو ادب کی ترویج میں نمایاں حصہ لیا۔ اس موضوع پر مزید گفتگو سے قبل آگے ایک نظر ڈالتے ہیں نشری اور غیر نشری ادب کے فرق پر۔

غیر نشری ادب صرف پڑھے لکھے لوگوں کے لئے ہوتا ہے۔ جب کہ نشری ادب کی رسائی عام لوگوں تک ہوتی ہے۔ غیر نشری ادب کا پڑھنے والا ایک مخصوص طبقہ ہوتا ہے۔ اس ادب کے تخلیق کار کسی بھی شہ پارے کو لکھتے وقت قاری کی فکر، تہذیبی اور

معاشرتی سطح کا خیال نہیں رکھتے بلکہ جوں ہی کوئی خیال ذہن میں آیا اسے صفحہ قرطاس پر بکھیر دیا جاتا ہے اس کے بر عکس ریڈیو کا ایک معمولی پروگرام بھی نشر ہونے سے قبل کئی مرحلوں سے گزرتا ہے اور اس کی تیاری برسہا برس پہلے سے ہوتی ہے۔ نشری شہ پارے کو براڈ کاسٹ کرنے سے قبل اس بات کا یقین کرنا پڑتا ہے کہ سننے والوں کا تعلق معاشرے کی کس سطح سے ہے۔ ان کی نفسیات اور دلچسپی کیا ہے۔ نشریاتی ادب میں زبان وبیان کا خاص خیال رکھا جاتا ہے جبکہ غیر نشریاتی ادب میں بھاری بھرکم الفاظ کے استعمال کی اچھی مثالیں ملتی ہیں۔ نشریاتی ادب دراصل دریا میں کوزے کو بند کرنے کا نام ہے کیوں کہ یہاں وقت کی پابندی از حد ضروری ہے۔ اس ادب سے تعلق رکھنے والے تخلیق کار کو اگر اپنے موضوع پر پورا عبور حاصل نہ ہو تو تقریر لکھنی مشکل ہو جاتی ہے۔

نشریاتی ادب کا مفہوم

نشریاتی ادب کسی بھی نشری ادارے کے ذریعہ پیش کئے جانے والے وہ پروگرام ہیں جنہیں نشریاتی اصولوں، تقاضوں اور بنیادی ادبی خصوصیات کو مد نظر رکھ کر تیار کیا جاتا ہے۔

عمومی طور پر ادب سے متعلق وہ پروگرام جو ریڈیو کے ذریعہ نشر کیا جاتا ہے وہ نشریاتی ادب کہلاتا ہے۔ دنیا کے تمام نشری ادارے اپنی مخصوص پالیسی کے تحت پروگرام نشر کرتے ہیں جس کا اطلاق ادبی پروگراموں پر بھی ہوتا ہے۔ ہندوستان میں چونکہ جمہوری طرز کے ابتدا سے ہی ادبی پروگراموں کو خاص اہمیت حاصل رہی ہے اور تقریباً تمام اہم مراکز سے اردو کے ادبی پروگرام آج بھی نشر کئے جارہے ہیں اور یہ سلسلہ ابتدائی دور سے ہی رواں دواں ہے اور دیکھتے ہی دیکھتے نشریاتی ادب کا ایک اچھا خاصہ ذخیرہ ہو گیا۔

نشریاتی ادب عمومی طور پر وہ ادب ہے جس کی ترسیل معاشرے لی نچلی سطح تک ہوتی ہے۔ غیر نشریاتی ادب نے جس کام کو ایک طویل مدت میں نہیں کیا اسے نشریاتی ادب نے قلیل مدت میں کر دکھایا۔ مثال کے طور پر اردو کے مشہور و معروف شاعر غالب کو ہی لے لیجئے، غیر نشریاتی ادب میں ان پر بے شمار کتابیں لکھی گئیں۔ ان کے اشعار کی تفہیم میں بھی خوب خوب گل بوٹے کھلائے گئے ہیں۔ اس کے باوجود غیر نشری ادب غالب کو عوام کی سطح پر متعارف نہیں کرا سکی جب کہ نشریاتی ادب نے بہت مختصر مدت میں غالب کو نہ صرف معاشرے کے عمومی حلقے سے متعارف کرایا بلکہ وہ لوگ بھی اس کے دیوانے بن گئے جن کو اردو نہیں آتی ہے لیکن غالب سے متعلق کچھ حد تک جانکاری ضرور رکھتے ہیں۔ ایک اور بات کا یہاں ذکر کرتا چلوں کہ ریڈیو سے قبل موسیقی درباروں تک محدود تھی اور ایک وقت ایسا آیا جب جاگیر داری ختم ہو گئی تو موسیقاروں کی سرپرستی بھی ختم ہو گئی لیکن ریڈیو نے اس فن کو بھی جلا بخشی اور اسے درباروں سے نکال کر گلی کوچوں میں پہنچا دیا اور عام لوگوں میں موسیقی کا ذوق بھی پیدا کیا۔ نشریاتی ادب نے اس موسیقی کے ذریعہ بھی مختلف شاعروں کو عوام سے متعارف کرایا ہے۔

اردو میں نشریاتی ادب کی تاریخ کا اگر اجمالی جائزہ لیا جائے تو یہ پتہ چلتا ہے کہ اردو کا ہر معروف ادیب یا تو ریڈیو کے اسٹاف میں رہا ہے یا ریڈیو سے باہر رہ کر اس کے لئے لکھا ہے ایسے شعرا و ادبا کی ایک طویل فہرست ہے جن کا ذکر آگے آئے گا تاہم نشریاتی ادب کی پوری تاریخ کو ہم دو حصوں میں تقسیم کر سکتے ہیں۔

اول ابتدا سے 1947ء تک۔ دوئم 1947ء سے تاحال

اول دور میں ہندوستان کا نشریاتی ادب اور خصوصاً اردو کا نشریاتی ادب تجربے کے دور سے گذر رہا تھا۔ اس زمانے میں جن لوگوں نے ریڈیو کے لئے لکھا ان کے سامنے

نشریاتی ادب کی کوئی روایت موجود نہیں تھی۔ دوسری طرف انگریزی ادب کا دامن بھی ان موتیوں سے خالی تھا۔

ہندوستان میں ریڈیو نشریات کے آغاز ہی سے نشریاتی ادب کے نقوش کا پتہ چلتا ہے لیکن بد قسمتی کی بات یہ ہے کہ آج تک نشریاتی ادب کی جانب خاطر خواہ توجہ نہیں دی گئی۔ اردو میں نشریاتی ادب کی روایت بہت پرانی ہے۔ اس کا آغاز 1930ء کی دہائی میں ریڈیو نشریات کے ساتھ ہوا۔ (اب تک) اردو میں ریڈیائی تقریروں کا جو مجموعہ کتابی ں صورت میں منظر عام پر آچکا ہے اس کے مطابق 3 اکتوبر 1929ء کو اردو میں پہلی بات چیت ملّا واحدی کی نشر کی گئی تھا جس کا موضوع تھا مصور غم مولانا راشد الخیری کی یہ تقریر "کیا خوب آدمی تھا" سلسلہ تقاریر کے تحت نشر کی گئی تھی۔ اس سے قبل ریڈیو میں تقریریں تو نشر ہوئی ہیں لیکن اب اس کا مسودہ کہیں محفوظ نہیں ہے اور نہ اس کے حوالے ملتے ہیں۔ طباعت کی صورت میں مذکورہ کتاب اردو کی پہلی ریڈیائی تقریروں کا مجموعہ ہے۔

ہندوستان میں ریڈیو نشریات کے آغاز میں عام طور پر اردوداں طبقے نے اس نئے میڈیم کی جانب لبیک نہیں کہا مگر بالخصوص ایک طبقے نے اس کی اہمیت کو سمجھا اور اسے اظہار کے ایک وسیلے کے طور پر قبول کیا۔

سید ذوالفقار علی بخاری اپنی خود نوشت میں لکھتے ہیں:

"آغا اشرف کو ساتھ لے کر ہر ایک کے در دولت پر حاضری دی اور بصد التماس ریڈیو پر تقریر کرنے کے لئے رضا مند کیا۔ ڈاکٹر انصاری، خواجہ حسن نظامی، بھائی آصف علی، مرزا محمد سعید، نواب خواجہ عبد المجید، ڈاکٹر ذاکر حسین، بیگم سربلند جنگ، آغا شاعر قزلباس، شمس العلما مولوی عبد الرحمن، منشی پریم چند، مرزا فرحت اللہ بیگ، پرنسپل

رشید احمد صدیقی کس کس کا نام گناؤں۔ یہ تھے ہمارے مستقبل طور پر تقریر نشر کرنے والے حضرات، لاہور میں ابھی ریڈیو جاری نہیں ہوا تھا مگر سالک اور امتیاز کے بغیر محفل سونی ہو جاتی تھی چنانچہ انتظام یہ کیا گیا کہ یہ حضرات لاہور سے ٹیلی فون پر بولیس اور دہلی سے ہم ان کی تقریر ریلے کریں گے۔ سالک صاحب افکار و حوادث اور امتیاز چچا چھکن لے کر اس بزم میں شریک ہوتے۔

(سر گذشت سید ذوالفقار علی بخاری صفحہ 54 ایڈیشن 1995)

اسے خوش بختی ہی کہا جائے گا کہ ہندوستان میں نشریات کے اولین دور میں پطرس بخاری جیسا ادیب اور ذوالفقار بخاری جیسے صاحب نظر عہدیدار ملا ان دونوں بھائیوں نے ہندوستان میں نشریات کا ایک جامع نٹ ورک تیار کیا۔ کمال احمد صدیقی نے اپنی کتاب میں ذوالفقار علی بخاری کا ذکر کرتے ہوئے لکھا ہے کہ:

"یہ کہنا غلط نہ ہو گا کہ ذوالفقار علی بخاری نے ہی اس وقت کے نامور ادیبوں، دانشوروں اور فنکاروں کو نشریات سے روشناس کرایا اور لکھنے پڑھنے والوں کو مروجہ لکھنے کی زبان کے بجائے بولنے کی زبان اہمیت سے آگاہ کیا اور اسی زبان میں نشریات کے مسودے مرتب کرنے پر آمادہ کیا۔ ان کا کہنا تھا کہ نشریات کی ایجاد زبان کو از سر نو تازگی اور حرارت دے کر اسے اپنے اصل مرتبہ پر فائز کرے گی"۔

آزادی سے قبل آل انڈیا ریڈیو سے پروگرام عموماً اردو میں ہوا کرتے تھے جسے ہندوستانی کہا جاتا تھا۔ رفعت سروش نے اپنے مضمون میں ریڈیو سے وابستہ لوگوں کا ذکر کیا ہے جن کے نام یہ ہیں۔

"پطرس بخاری، ن۔ م۔ راشد، میرا جی، مختار صدیقی، اسرار الحق مجاز، راجہ مہدی علی خاں، تابش دہلوی، انصار ناصری، فضل حق قریشی، راز مرادآبادی، شوکت تھانوی،

سلام مچھلی شہری، کرتار سنگھ دگل، عشرت رحمانی، وشوامتر عادل، شہزاد لکھنوی اختر الایمان، ممتاز مفتی، اشفاق حسین، حفیظ ہوشیار پوری، ضیاء جالندھری، اعجاز بٹالوی، ڈاکٹر مسعود حسین خاں، لالہ مہیشور دیال، حبیب تنور فارغ بخاری اور رفعت سروش"۔ بحوالہ (آل انڈیا ریڈیو کی اردو خدمات از رفعت سروش سہ ماہی قصے، جنوری تا جون، صفحہ 122، سال 2001)

اب ان لوگوں کا ذکر سنئے جنہوں نے ریڈیو کے لئے تقریریں لکھیں اور اسے کتابی صورت میں چھپوا کر محفوظ بھی لیا۔ ایسے لوگوں میں سرفہرست نام مصور فطرت خواجہ حسن نظامی کو ریڈیو کے لئے استعمال کی جانے والی زبان کا اچھا خاصا شعور تھا۔ اس کے ساتھ ہی انھیں ٹاک پڑھنے کا بھی فن خوب آتا تھا۔ خواجہ حسن نظامی سے متعلق تبصرہ کرتے ہوئے کمال احمد صدیقی لکھتے ہیں:

"خواجہ حسن نظامی، ان لوگوں میں سے ہیں جنہوں نے آل انڈیا ریڈیو کے آغاز سے پروگراموں میں شرکت کی بلکہ جن کے اسلوب نے ریڈیو کے لئے دوسرے تو خیز لکھنے والوں کو بھی راستہ دکھایا"۔

خنداں: سال اشاعت 1940 صفحات 381

یہ رشید احمد صدیقی کی ان مختصر تقریروں کا مجموعہ ہے جو مختلف اوقات میں آل انڈیا ریڈیو سے نشر ہوئیں ان کی تعداد چالیس ہیں۔ خنداں نشریاتی ادب کی ایک اہم کتاب ہے۔ اس کتاب کے تمام مضامین نشریاتی تقاضوں کو مدنظر رکھ کر لکھے گئے ہیں۔ اس کے مضامین میں کہیں گہرے طنز کا احساس ہوتا ہے تو کہیں کہیں رشید احمد صدیقی کا طنزیہ اسلوب سطحی ہوگیا ہے۔

ادب کیا ہے۔

یہ نورالحسن ہاشمی کی ریڈیائی تقریروں کا مجموعہ ہے جس میں 16 نشری مضامین ہیں۔ یہ تمام تقاریر آل انڈیا ریڈیو لکھنؤ سے نشر ہو چکی ہیں۔ تمام کے تمام مضامین ادبی موضوعات پر ہیں اور نہایت ہی دلچسپ پیرائے میں بیان کئے گئے ہیں۔

تنقیدی اشارے:

آل احمد سرور اردو کے ایک مقبول ناقد کے طور پر جانے جاتے ہیں۔ انہوں نے اردو ادب کے تنقیدی سرمائے میں اپنی تخلیقات کے ذریعہ اضافہ کیا ہے۔ آل احمد سرور آل انڈیا ریڈیو کے مختلف پروگراموں میں دلچسپی سے شرکت کرتے تھے ان کا تعلق بھی آزادی سے قبل ریڈیو کے لئے مختلف نوع کی تقریر لکھنے والوں میں سے تھا۔ انہوں نے بے شمار تنقیدی مضامین احباب ریڈیو کی فرمائش پر لکھے تھے۔ ان کی نشری تخلیقات اکثر و بیشتر رسائل کی زینت بھی بنتی رہی ہے۔ ایسی ہی ریڈیائی تقریروں کا مجموعہ تنقیدی اشارے ہیں۔ اس میں شامل مضامین ریڈیو کے لئے لکھے گئے تھے لیکن دوسرے ایڈیشن میں چند مضامین کا اضافہ کیا گیا۔

ریڈیو نے ابتدائی دور سے ہی ادب کی مختلف اصناف کو اپنے دامن میں سمیٹنا شروع کر دیا تھا اور اس پر گہرے اثرات بھی مرتب کئے۔ ابتدائی دور میں جب تقریروں کا سلسلہ شروع ہوا تو مختلف نوع کی ادبی تقریریں نشر کی گئیں جن میں کچھ خاکے بھی تھے مگر اس وقت اسے ایک علیحدہ صنف کے طور پر نشر نہیں کیا گیا مگر یہ خدوخال کے اعتبار سے خاکے کے زمرے میں آتے ہیں اس سلسلے میں ڈاکٹر صابرہ سعید اپنی کتاب میں لکھتی ہیں۔

"1929ء میں آل انڈیا ریڈیو سے چند مضامین نشر کئے گئے جو راشد الخیری، ڈپٹی

نذیر احمد، چکبست اور داغ سے متعلق تھے۔ راشد الخیری کا خاکہ ملا واحدی نے لکھا تھا لیکن باقی مضامین خاکوں سے زیادہ سوانحی مضامین کے ذیل میں آتے ہیں بحوالہ "اردو میں خاکہ نگاری" ڈاکٹر صابرہ سعید۔

ہوا کے دوش پر

یہ غلام ربانی تاباں کی ریڈیائی تقریروں کا مجموعہ ہے۔ انہوں نے ریڈیو کے لئے بہت سارے مضامین اور خاکے لکھے متذکرہ بلا کتاب میں پانچ ادبی خاکے ہیں۔ اس کے علاوہ مختلف ادبی موضوعات پر پانچ تقریریں اور چھ فیچر شامل ہیں۔ یہ تمام تر تخلیقات آل انڈیا ریڈیو کی اردو سروس اور اردو مجلس سے نشر ہوئی ہیں۔

انتخاب مضامین مرزا محمود بیگ

یہ کتاب مرزا محمود بیگ کے نشری تقریروں اور فیچروں کا مجموعہ ہے۔ انہوں نے آل انڈیا ریڈیو کے لئے مختلف موضوعات پر تقریریں لکھیں۔ ان تقریروں کا مجموعہ مضامین محمود ہے جس میں خاکے اور ہلکی پھلکی مزاحیہ تقریریں بھی ہیں۔ یہ تقریریں بھی ہمارے نشریاتی ادب کا ایک اہم حصہ ہیں۔ اس مجموعے میں تیرہ فیچر بھی ہیں جنہیں مرزا محمود بیگ نے بغاوت ہند کی سالگرہ کے موقعہ پر 1957ء میں لکھا تھا۔ ان فیچروں کا عنوان دلی اور اس کے گلی کوچے ہیں یہ کتاب نشریاتی ادب کی ایک اہم کڑی ہے۔ ریڈیائی تقریروں اور خاکوں کی اس کتاب کے علاوہ بہت سی تقریریں اور خاکے اردو کے مختلف رسائل میں شائع ہوئے ہیں۔ اس سلسلے میں عملی دشواری یہ ہے کہ ان مضامین میں بہت کم ایسے ہیں جنہیں ریڈیو کے حوالے کے ساتھ شائع کیا گیا ہے

ادبی فیچر اور تقریریں

پروفیسر ڈاکٹر مظفر حنفی کی یہ کتاب نشریاتی ادب کی ایک اہم کتاب تصور کی جاتی

ہے۔ یہ کتاب دو حصوں پر مشتمل ہے پہلے میں خالص ادبی موضوعات پر 9 فیچر ہیں جبکہ دوسرے حصے میں 17 نشری تقریریں ہیں۔ اس کے علاوہ جگن ناتھ آزاد کی کتاب نشان منزل میں چودہ مقالات اور 9 ریڈیائی مضامین شامل ہیں۔

ادب کی پرکھ

یہ کتاب ڈاکٹر نریش کے مقالات کا مجموعہ ہے جس میں ریڈیائی مضامین بھی ہیں۔ اس کے علاوہ ڈاکٹر ذاکر حسین کے تعلیمی خطبات میں بھی ریڈیائی مضامین شامل ہیں۔ پروفیسر محمد مجیب کی کتاب دنیا کی کہانی، خواجہ غلام السیدین کی کتاب داستان اشک وخون قابل ذکر ہیں۔ اس کے علاوہ چند مشہور زمانہ تقریری سلسلوں کا ذکر بھی کرنا بے جا نہیں ہو گا۔

بھلائے نہ بنے سلسلہ تقاریر کے تحت اردو سروس سے مشرق و مغرب کی شہرہ آفاق تصنیفات کے ان اہم کرداروں پر 120 ایسی تقریریں نشر کی گئیں جو سامعین کے ذہن پر گہرا نقش چھوڑ گئیں اور اق مصور کے تحت ادب کی اہم تصنیفات پر مبنی سلسلہ تقاریر آسماں کیسے کیسے، اردو ہے جس کا نام روداد قفس (زندانی ادب سے متعلق سلسلہ تقاریر) جدید ادبی رجحانات / اے عشق اجل گہر / یہ خلد بریں ارمانوں کی / غالب بصد انداز وغیرہ وغیرہ۔

ریڈیو ڈراما

ہندوستانی نشریات میں ریڈیو ڈرامے کا تصور روز اول سے ہی رہا ہے ہندوستان میں ریڈیو ڈرامے کی شروعات سے قبل بی بی سی بھی ریڈیو ڈرامے نشر کر چکا تھا۔ اس کی مدت یعنی دورانیہ کافی لمبا ہوتا تھا ہندوستان میں بھی اسی نہج پر ریڈیو ڈرامے نشر کئے گئے جس کی دورانیہ دو سے تین گھنٹے تک ہوتا تھا۔ ذوالفقار بخاری اور پطرس بخاری نے اس طرح کے

ڈرامے کی سخت مخالفت کی اور کہا کہ ڈرامہ صرف آدھ گھنٹہ سے ایک گھنٹہ تک کا ہونا چاہئے۔ اس میں طویل مکالمے اور کرداروں کی بھرمار نہ ہو۔ جس دور میں ریڈیو ڈرامے کا آغاز ہوا اس وقت تھیٹر کا چلن عام تھا۔ سید ذوالفقار بخاری جب بمبئی ریڈیو اسٹیشن کے ڈائریکٹر بنا کر بھیجے گئے تو اس وقت تھیٹر کافی مقبول تھا۔ انہوں نے اپنی خودنوشت میں ایک جگہ لکھا ہے۔

"بمبئی میں ڈرامہ پیش کرنا کوئی ہنسی کھیل نہیں تھیٹر وہاں بچے بچے کی گھٹی میں پڑا ہے اور فلم ایکٹر اور فلم کمپنیوں کی بھرمار ہے۔ مگر میں نے ہمت نہ ہاری اور نہایت انہماک سے ڈرامے کئے دہلی سے کچھ ایکٹر ساتھ لے گیا ان میں شکیل احمد اور رونق کے نام قابل ذکر ہیں"۔

(بحوالہ سرگذشت !سید ذوالفقار بخاری صفحہ 225ایڈیشن 1995ء)

آل انڈیا ریڈیو کے ساتھ شروع ہی سے یہ المیہ رہا ہے کہ کوئی بھی پروگرام نشر ہونے کے بعد اس کے مسودے کو محفوظ نہیں رکھا جاتا بلکہ یہ کہا جائے تو غلط نہ ہو گا کہ مسودے کے تحفظ کا کوئی نظام نہیں ہے جس کی وجہ سے نہایت قیمتی مسودے بھی زمانے کے ہاتھوں برباد ہو گئے ان مسودوں میں سے چند ایک کو کسی نے اپنی ذاتی دلچسپی کی بنیاد پر شائع کرادیا اور بالخصوص ریڈیو ڈرامے کی اسکرپٹ کو اسٹیج ڈرامے میں تبدیل کر کے شائع کرایا گیا جس کی وجہ سے ریڈیو ڈرامے کے معیار کو متعین کرنے میں خاصی دشواری پیش آئی ہے۔

گذشتہ دو تین دہے میں چند ایسے لکھنے والے بھا سامنے آئے ہیں جو صرف ریڈیو کے لئے لکھتے ہیں اور پھر اسے کتابی صورت میں من وعن شائع کرتے ہیں۔ ریڈیو کے اول دور کے اردو ریڈیو ڈرامے جو کتابی صورت میں محفوظ ہیں کہ علاوہ باقی سب زمانہ کے ہاتھوں

برباد ہو گئے کچھ پرانی ریکارڈنگ آل انڈیا ریڈیو کی آرکائیوز میں محفوظ ہے جہاں عام آدمی کی رسائی ممکن نہیں۔

ریڈیو ڈرامے کی تاریخ پر اگر نظر ڈالی جائے تو سب سے پہلا نام ان ادارے سے وابستہ شخص سید ذوالفقار علی بخاری کا آتا ہے۔ انہوں نے ریڈیو کے لئے ڈرامہ تو نہیں لکھے لیکن ڈراموں میں اداکاری ضرور کی۔ وہ ریڈیو ڈرامے کے رموز و نکات سے بخوبی واقف تھے انہوں نے اس دور میں ریڈیو کے لئے ڈرامہ لکھنے والوں کو اس فن سے آشنا کیا اور اداکاروں کی تربیت بھی کی۔ کمال احمد صدیقی نے لکھا ہے کہ:

"ذوالفقار اسٹیج ڈراموں کے ماہر ہونے کے باوجود اسٹیج ڈراموں کی تکنیک کو ریڈیو سے الگ رکھ کر جدید ریڈیو ڈرامے کے موجد بنے اردو میں ریڈیو کی اس صنف میں پہل کرنے کا کام انہی کا رہے گا"۔

(بحوالہ: اردو ریڈیو اور ٹیلی ویژن میں ترسیل و ابلاغ کی زبان: ڈاکٹر کمال احمد صدیقی صفحہ 442، 1998)

کرشن چندر

کرشن چندر 1939ء میں ریڈیو کے ملازم ہوئے اور اسسٹنٹ کے طور پر نو سال تک کام کیا پھر فلمی دنیا سے وابستہ ہو گئے۔ آل انڈیا ریڈیو میں اپنی ملازمت کے دوران انہوں نے خاص طور سے ریڈیو کے لئے ڈرامے لکھے۔ ان کے ڈراموں کا مجموعہ دروازہ کے عنوان سے شائع ہو چکا ہے۔ اس مجموعہ میں شامل ڈراموں کے عنوانات ہیں:

(۱) سرائے کے باہر (۲) قاہرہ کی ایک شام (۳) دروازہ کھول دو۔ آل انڈیا ریڈیو کی اردو سروس میں کرشن چندر کے لکھے ہوئے ڈرامے کی ریکارڈنگ موجود ہے۔ یہ ہیں: ایک روپیہ ایک پھول، کتے کی موت اور سرائے کے باہر، لیکن ان ڈراموں کی کوئی

اسکرپٹ موجود نہیں ہے۔

سعادت حسن منٹو

آج کی اردو دنیا سعادت حسن منٹو کو ایک افسانہ نگار کے طور پر جانتی ہے لیکن وہ ایک عرصے تک ریڈیو سے وابستہ رہے اور بے شمار ڈرامے لکھے۔ عشرت رحمانی نے اپنی کتاب میں لکھا ہے کہ:

"سعادت حسن منٹو 1939 میں آل انڈیا ریڈیو دہلی میں ڈرامہ نگار کی حیثیت سے ملازم ہو کر آئے اور نشری تکنیک کے اعلیٰ نمونے پیش کرنے لگے۔ متعدد کامیاب ڈرامے لکھے اور اچھوتی آواز میں اپنے کمالات سے ریڈیو کو نیا اسلوب بخشا۔ ان کے نشری ڈرامہ یہ ہیں:

(۱) کروٹ (۲) ماچس کی ڈبیا (۳) اتوار (۴) خودکشی (۵) نیلی رگیں (۶) رندھیر پہلوان (۷) تین موٹی عورتیں (۸) آؤ مسلسل خاکے (۹) محبت کی پیدائش (۰۱) نپولین کی موت (۱۱) قلوپطرہ کی موت (۲۱) منٹو کے ڈرامے اور جنازے۔

(بحوالہ اردو ڈرامے کی تاریخ و تنقید)

اپندر ناتھ اشک

اپندر ناتھ اشک کا تعلق ریڈیو سے بڑا گہرا رہا ہے۔ یکم جون 1961ء کو آل انڈیا ریڈیو میں ملازم ہوئے۔ دوران ملازمت انہوں نے ایک سے ایک کہانیاں اور ڈرامے لکھے صبح و شام کے عنوان سے انجو کا ایک ایکٹ اور ازلی راستے کے عنوان سے دو ایکٹ کے ڈرامے لکھے۔ ان کی زیادہ تر اسکرپٹ زمانہ کے ہاتھوں برباد ہو چکی ہیں جس کی وجہ سے پوری تفصیل کا پتہ نہیں چل پایا۔

میاں لطیف الرحمن

ایک مدت تک آل انڈیا ریڈیو میں ملازم رہے اور آخر میں ڈائریکٹر پروگرام کی حیثیت سے مستعفی ہوئے۔ انہوں نے 1935ء میں لکھنؤ ریڈیو کے لئے پہلا ڈرامہ لکھا

لطیف صاحب کے خاص نشری ڈرامے حسب ذیل ہیں:

شادی کا پیغام، قیدی، گلدان، دوزخ، پس منظر، چندر گپت، شیر شاہ کا انصاف، چلتی گاڑی، غرناطہ کا مجاہد، عمر خیام، نور جہاں، رقاصہ (نشری اوپیرا شوکت تھانوی کے ساتھ مل کر لکھا) یہ ڈرامے اب تک کتابی صورت میں شائع نہیں ہوئے ہیں۔

اس کے علاوہ مرزا عظیم بیگ چغتائی اور گوہر شادانی کے ڈرامے بھی اکثر ریڈیو سے براڈکاسٹ ہوتے رہے ہیں۔

رفیع پیرزادہ

نشریات کی دنیا میں انہیں رفیع پیر کے نام سے جانا جاتا ہے۔ قیام پاکستان سے قبل آل انڈیا ریڈیو کے مختلف اسٹیشنوں کے لئے متعدد کامیاب و دلچسپ ڈرامے لکھے وہ ریڈیو میں ڈرامے کے پہلے پروڈیوسر تھے جنہیں 1936ء میں ریڈیو ڈرامے کی تکنیک کی جانکاری کے لئے جرمنی بھیجا گیا تھا جن کے ڈرامے نے نشریاتی ادب میں بالخصوص اور بالعموم اردو ادب کی ترقی میں نمایاں حصہ لیا ہے۔ ان کے لکھے اور پروڈیوس کئے ہوئے جو ڈرامے زیادہ مقبول ہوئے وہ یہ ہیں۔

لیلے، عقبیٰ کا میدان، ناموس، دیوانہ بکار خویش، ولے بخیر گذشت، سناٹا، تصادم، اوتار، رازونیاز، مارآستیں، سازباز، تکمیل جرم اور القاب۔

شوکت تھانوی

ملک کے مقبول ترین مزاج نگار تھے۔ آل انڈیا ریڈیو لکھنؤ کے منشی جی اور ریڈیو پاکستان کے قاضی جی کے نام سے کافی شہرت حاصل کی۔ شوکت تھانوی نے 1938 میں

آل انڈیا ریڈیو لکھنؤ کے لئے اپنا پہلا ڈرامہ "خدا حافظ" لکھا۔ اس کے بعد لکھنؤ اسٹیشن کے عملے میں مصنف اور اداکار اور پروڈیوسر کی حیثیت سے شامل ہوئے۔ انہوں نے نشری ڈرامے میں خاطر خواہ اضافہ کیا۔ شوکت تھانوی چونکہ خود ایک چابک دست صناع و اداکار ہیں۔ اس لئے ان کی نشری تمثیل کی اہم خصوصیت کردار نگاری ہے اور ان کا سب سے بڑا کارنامہ یہ ہے کہ انہوں نے نشری دنیا کو کئی مستقبل کردار دئے ہیں جو ضرب المثل بن گئے ان میں آل انڈیا ریڈیو کے منشی جی اور ریڈیو پاکستان لاہور کے قاضی جی زندہ جاوید ہیں۔ ان کے نشری ڈراموں کے کئی مجموعے چھپ کر منظر عام پر آچکے ہیں۔ ان میں ایک مجموعہ کا نام "سنی سنائی" ہے۔ اس طرح ریڈیو ڈرامہ نگاروں کی ایک طویل فہرست ہے جن میں راجندر سنگھ بیدی، پروفیسر اشتیاق حسین قریشی، شاہد احمد دہلوی، مجموعہ سحر ہونے تک۔ سید انصار ناصری کے ڈراموں کے مجموعے کا نام وحشی ہے۔ مرزا ادیب نے ریڈیو کے لئے کافی تعداد میں ڈرامے لکھے جن میں چند مشہور ڈرامے یہ ہیں:

آنند کمار، ماں شہنائی، دیوار، بیٹا، بہن، پہاڑ کے دامن میں، فرعون کی محبوبہ وغیرہ

ان کے علاوہ ملک حبیب احمد، حفیظ جاوید، اسلم ملک، احمد ندیم قاسمی، عصمت چغتائی، محمود نظامی، سلطان حسین، انتظار حسین، یوسف ظفر، مختار صدیقی، عمیق حنفی، رفعت جمالی، کرتار سنگھ دگل، حیات اللہ انصاری، مجاہد علی عابد، محمد حسن، شمیم حنفی، اظہر افسر، فضیل حسین، وارث احمد خاں، قمر جمالی، آفاق احمد، رفعت سروش اور اظہار اثر نے ریڈیو ڈرامے لکھے۔ لہٰذا اردو کے نشری ڈراموں کی ایک خاصی تعداد موجود ہے۔ جسے کسی بھی قیمت پر نظر انداز نہیں کیا جاسکتا۔ آج اسٹیج پر سرعام اردو کے ڈرامے ہندی ڈرامے سے منسوب کر کے اسٹیج کئے جارہے ہیں۔ اس بحرانی دور میں ریڈیو ہی وہ واحد ادارہ ہے جس نے خالص اردو طبع زاد اور اخذ کئے ہوئے ڈرامے نشر کریں ہیں۔ تاہم ہمارے

ناقدین نے اس صنف کی طرف کوئی خاص توجہ نہیں دی جس کی وجہ سے اس کی قدرو قیمت اور ادبی حیثیت کے تعین میں دشواری آئی ہے۔ ان ڈراموں نے اردو کے فروغ میں نمایاں کردار کیا ہے۔ اسٹیج کے ڈرامے تو اسٹیج تک محدود رہے ہیں لیکن نشری ڈرامے کی پہنچ معاشرے کی عمومی سطح تک ہے جس کی وجہ سے نشری ڈراموں نے اردو ادب کو ڈرامے کے حوالے سے دور دراز علاقوں تک پہنچایا ہے اور زبان کے حوالے سے بھی اہم کام کیا ہے کیونکہ ریڈیو کا ہر پروگرام بولنے والی زبان میں نشر کیا جاتا ہے۔

اردو فیچرس

آل انڈیا ریڈیو کے اوائل دور میں جب مختلف نشریاتی اصناف کی ہیئت ک تجربہ کیا جارہا تھا اس زمانہ میں عام لوگوں کی رائے میں ڈرامہ فیچر تھا اور فیچر ڈرامہ۔ اس وقت ریڈیو کے ارباب اقتدار کے سامنے ریڈیو فیچر کا کوئی واضح تصور نہیں تھا اور نہ ہی اس سلسلے میں کوئی عملی قدم اٹھایا گیا۔ فیلڈن اور بخاری نے کچھ فیچر پروڈیوسر کئے لیکن وہ لائق ستائش نہیں تھے۔ بیسویں صدی کی پانچویں دہائی میں ریڈیو کی اس صنف کی طرف لوگوں نے توجہ دی۔ تقریباً آل انڈیا ریڈیو کے سبھی مراکز سے مختلف زبانوں میں فیچر نشر کئے جاتے ہیں۔ اردو زبان میں زیادہ تر فیچر حیدرآباد، سری نگر، بھوپال، دہلی اورنگ آباد اور بیرونی نشریات کی اردو سروس سے نشر کئے جاتے ہیں مگر یہ کہنا غلط نہ ہوگا کہ آج بھی آل انڈیا ریڈیو میں روایتی انداز کے فیچر پروڈیوس کرنے کا سلسلہ جاری ہے۔ میں اپنی گفتگو کو مختصر کرتے ہوئے یہاں چند اردو فیچر کا ذکر کروں گا۔ اگر اردو سروس میں موجود ادبی فیچر کی ایک مختصر فہرست پر نظر ڈالیں تو پتہ چلتا ہے کہ اس نے بھی اپنے طور سے ادب کے فروغ میں نمایاں حصہ لیا ہے۔ اردو سروس کے ادبی فیچر کا عنوان آئینہ ہے جسے دو آوازوں میں براڈکاسٹ کیا جاتا ہے اور اردو کے مشاہیر نے اس سروس کے لئے بے شمار

فیچر لکھے ہیں:

شیخ محمد ابراہیم ذوق ڈاکٹر تنویر احمد علوی / سلامت اللہ

مرم کوئی نہ جانے ڈاکٹر مظفر حنفی

ہولی اردو شاعری میں ڈاکٹر مظفر حنفی

قرۃ العین حیدر ڈاکٹر مظفر حنفی

اردو شاعری میں رام کی عظمت ڈاکٹر مظفر حنفی

حضرت نظام الدین اولیأ نثار احمد فاروق

مرزا مظہر جان جاناں پروفیسر محمد حسن

گذشتہ لکھنؤ سعادت علی صدیقی

کار جہاں دراز ہے شمیم حنفی

خبر تحیر عشق سن (تصوف) شمیم حنفی

ولی دکنی غلام ربانی تاباں

غالب مرزا محمود بیگ

میر تقی میر ساغر نظامی

خوب پہچان لو مجاز ہوں میں آل احمد سرور

سر انشا ڈاکٹر نیر مسعود

یہ فہرست بہت طویل ہے اور لگ بھگ ساٹھ ستر فیچر آج بھی مختلف ادبی موضوعات پر اردو سروس میں محفوظ ہیں۔ اس سلسلے میں ڈاکٹر مظفر حنفی کی کتاب ریڈیائی تقریر اور فیچر کی خاص اہمیت ہے کہ اس کتاب میں شامل فیچر جو ادبی موضوعات پر ہیں۔ من و عن شائع کیئے گئے ہیں۔

اس سلسلے کی دوسری اہم کتاب حضرت آوارہ کے دور یڈیائی فیچر کا مجموعہ۔ میر افرمایا ہوا ہے یہ کتاب 1960 میں چھپی تھی حضرت آوارہ، ریڈیو میں اسکرپٹ رائٹر تھے اور بے شمار جھلکیاں انہوں نے لکھیں۔ اس کتاب میں شامل سبھی فیچر مزاحیہ موضوعات پر ہیں۔

آخر میں یہ کہا جا سکتا ہے کہ ریڈیو آج بھی نہایت ایمانداری کے ساتھ اپنے مختلف اصناف جیسے ٹاک، ڈرامہ، فیچر، انٹرویو، کے ذریعہ ادب کو شہروں کی قید سے باہر نکل کر grass root سطح پر اردو جاننے والوں تک پہنچا رہی ہے جسے غیر نشریاتی ادب نہیں کر سکتی۔ یہاں ضمناً ایک اور بات بتاتا چلو کہ آج کی تاریخ میں آل انڈیا ریڈیو کی اردو سروس دنیا بھر میں اردو نشریات کی سب سے بڑی سروس ہے جو روزانہ اپنے سامعین کے لئے سوا بارہ گھنٹے کا پروگرام نشر کرتی ہے اس کے علاوہ عالمی نشریات کے نیٹ ورک پر بھی اردو کا جادو سر چڑھ کر بول رہا ہے۔ بی بی سی کے علاوہ امریکہ، ایران، روس، جرمنی، چین، جاپان، اٹلی، ترکی، بنگلہ دیش، سعودی عربیہ، کویت جیسے ممالک سے بھی روزانہ اردو میں پروگرام نشر کئے جا رہے ہیں جس میں مختلف ادبی موضوعات پر پروگرام نشر کئے جاتے ہیں لیکن صد افسوس ہے کہ جس ادارے خاطر خواہ توجہ نہیں دے رہے ہیں۔

(۳) اردو کا زوال: ذمّہ دار کون؟

رشید انصاری

حیدرآباد ہر دور میں اردو کا اہم مرکز رہا ہے، سقوط حیدرآباد سے قبل آصف جاہی دور حکومت میں حیدرآباد میں اردو کو جو فروغ اور ترقی حاصل ہوئی تھی وہ تاریخ کا ایک سنہرا باب ہے۔ آصف جاہی دور میں سرکاری زبان اردو تھی۔ یوں تو ریاست میں اردو مادری زبان والے اقلیت میں تھے اور تلنگانہ، مرہٹواڑہ اور کرناٹک میں علیٰ الترتیب تلگو، مراٹھی اور کنڑی بولنی والے اکثریت میں تھے لیکن ہر جگہ اردو کو منفرد حیثیت حاصل تھی۔ ہم نے اپنے بچپن (سقوط حیدرآباد کے چند سال بعد بھی) ایسے لوگ دیکھے ہیں جن کی اردو میں استعداد اور قابلیت اپنی مادری زبان (مراٹھی یا تلنگی یا کنڑی) کے مقابلے میں بہت زیادہ تھی۔ حاصل کلام یہ کہ ہر طرف اردو کا بول بالا تھا۔ اردو کی مقبولیت میں سرکاری جبر کا دخل نہ تھا۔ سرکاری زبان ہونے کا فائدہ ضرور ہوتا ہے لیکن مقبولیت اور بات ہے۔ ہندی ہمارے ملک کی سرکاری زبان ہے لیکن سرکاری زبان ہونے کے باوجود ایسے علاقوں میں جہاں کے عوام کی مادری زبان ہندی نہیں ہے وہاں سرکاری زبان ہونے کے باوجود ہندی مقبول نہیں ہے۔ خاص طور پر جنوبی ہند اور شمال مشرقی ریاستوں کے زیادہ تر باشندے ہندی سے ناواقف ہیں۔ اگر یہ کہا جائے تو غلط نہ ہوگا کہ مرحوم ریاست حیدرآباد خالص اردو کی ریاست تھی جہاں اردو نہ صرف سرکاری زبان تھی بلکہ عوامی زبان بھی تھی۔ اردو کا ریاست کی تینوں علاقائی زبانوں تلنگی، کنڑی اور مراٹھی پر اس قدر

اثر تھا کہ ریاست حیدر آباد کے اضلاع، مرہٹواڑہ، کرناٹک اور تلنگانہ میں بولی جانے والی مراٹھی، کنڑی اور تلنگی ریاست حیدر آباد سے باہر بولی جانے والی ان زبانوں سے قدرے مختلف ہو گئی تھی (بلکہ اب تک ہے) حیدر آباد اور دیگر شہری علاقوں میں بولی جانے والی ہر زبان پر اردو کا اثر نمایاں ہے۔ حیدر آباد میں جو تلگو بولی جاتی ہے وہ گنٹور اور نیلور میں بولی جانے والی تلگو سے قدرے الگ ہے۔ آندھرا کے علاقوں میں بولی جانے والی تلگو خالص ہے جو بندہ تلگو سے بالکل ناواقف ہو وہ مذکورہ بالا مقامات پر دو مقامی افراد کے درمیان ہونے والی گفتگو کا نفس مضمون تک قطعی نہیں سمجھ سکتا ہے جب کہ حیدر آباد بلکہ نظام آباد، وقار آباد اور محبوب نگر میں ہونے والی تلگو گفتگو کو تلگو نہ جاننے والے بھی کسی حد تک سمجھ سکتے ہیں اور کچھ یہی فرق پونے اور اورنگ آباد میں بولی جانے والی مراٹھی اور گلبرگہ اور بنگلور میں بولی جانے والی کنڑی کا ہے لیکن یہ فرق رفتہ رفتہ ختم ہو رہا ہے کیوں کہ اردو کا اثر دوسری زبان بولنے والوں پر کم ہوتا جا رہا ہے۔

بعض نافہم اور ناواقف لوگ اپنی نام نہاد روشن خیالی یا کشادہ دلی کا مظاہرہ کرنے کے لیے یہ کہتے ہیں کہ آصف جاہی حکومت نے علاقائی زبانوں کو جو اکثریتی طبقہ یا ہندو بولتے تھے نظر انداز کر کے ان پر اردو کو جو مسلمانوں کی زبان تھی، مسلط کر دیا تھا۔ یہ بات نا صرف مہمل اور بے معنی ہے بلکہ بے جواز اور بے بنیاد ہے کہ مملکت حیدر آباد کی تینوں علاقائی زبانوں میں کسی ایک زبان کو اکثریتی زبان نہیں کہا جا سکتا ہے۔ کنڑی زبان صرف تین اضلاع (گلبرگہ، رائچور اور بیدر میں بولی جاتی تھی جب کہ مراٹھی پانچ اضلاع اورنگ آباد، ناندیڑ، پربھنی، بیڑ اور عثمان آباد کی علاقائی زبان تھی۔ ظاہر ہے کہ سولہ میں سے پانچ اور تین اضلاع میں بولی جانے والی زبان کو ریاست کی اکثریتی زبان کہنا بے معنی تھا۔ تلگو بے شک آٹھ ضلعوں (عادل آباد، کریم نگر، نظام آباد، میدک، اطراف بلدیہ

(موجودہ ضلع رنگاریڈی) محبوب نگر، ورنگل (ضلع کھمم پہلے ورنگل میں شامل تھا اور نلگنڈہ) کی علاقائی زبان تھی۔ بظاہر تلگو ریاست کی سب سے بڑی علاقائی زبان تھی لیکن تلگو بولنے والوں کی تعداد تلنگانہ میں صد فیصد نہیں تھی۔ شہر حیدرآباد، اضلاع نظام آباد، میدک، اطراف بلدیہ اور محبوب نگر وغیرہ میں اردو بولنے والوں کی تعداد قابل لحاظ تھی۔ اس طرح پوری مملکت حیدرآباد میں اردو بولنے والوں کی تعداد سب سے زیادہ تھی۔ قلیل تعداد میں ایسے غیر مسلم بھی تھے جن کی مادری زبان اردو تھی۔ اسی طرح گجراتی، پنجابی، ملیالم اور تامل بولنے والے بھی قلیل تعداد میں سہی آصف جاہی مملکت میں آباد تھے اور ان سب کی دوسری زبان اردو ہی تھی۔ اس طرح اردو ہر لحاظ سے ریاست کی تینوں علاقہ واری زبانوں (تلگو، مراٹھی اور کنڑی) کے مقابلے میں بلاشبہ قابل ترجیح تھی۔

دوسری جانب اردو سالوں سے نہیں بلکہ صدیوں سے ملک بھر کی واحد رابطہ کی زبان رہی تھی۔ سلطنت آصفیہ میں اس کے قیام کے وقت سے ہی اردو سرکاری زبان نہیں تھی بلکہ رسم دنیا کے مطابق سرکاری زبان فارسی تھی تو کیا کبھی یہ اعتراض کسی نے کیا تھا کہ مراٹھی، تلنگی اور کنڑی بولنے والوں کے ساتھ اردو بولنے والوں پر فارسی زبان کو آصف جاہی حکمرانوں نے مسلط کر دیا تھا۔ اس قسم کی شکایت کے ذکر سے تاریخ خالی ہے۔ یہ بات سب ہی جانتے ہیں کہ مرہٹہ شاہی دربار میں خاص طور پر ہر پیشوا کے پاس فارسی بڑی حد تک سرکاری کاموں میں استعمال ہوا کرتی تھی۔ علاوہ ازیں اس وقت جب کہ فارسی سرکار اور دربار کی زبان تھی اس وقت رابطے کی زبان اردو ہی تھی۔ سچ تو یہ ہے کہ اردو کو مسلط نہیں کیا گیا تھا بلکہ اردو کی حلاوت اور خوبیوں کو دیکھ کر غیر اردو داں طبقات نے خود اردو کو اپنے اوپر مسلط کر لیا تھا۔

اگر منطقی اعتبار سے دیکھا جائے تو مملکت آصفیہ میں بولی جانے والی چار زبانوں میں سے کسی ایک کو ہی سرکاری زبان بنایا جاسکتا تھا۔ تلنگی، مراٹھی اور کنڑی صرف اپنے اپنے علاقوں تک محدود تھیں۔ صرف اردو ہی تمام مملکت میں ہر طرح سے استعمال کی جانے والی زبان تھی اور رابطے کے لیے کوئی اور زبان تھی ہی نہیں تو اردو کو سرکاری زبان کا درجہ دینے میں کیا قباحت تھی؟

اردو ہندوؤں اور مسلمانوں میں دوستی، یگانگت اور یکجہتی قائم رکھنے کا بہترین ذریعہ تھی۔ حیدرآباد کا ہندو مسلم اتحاد بے مثال تھا اور اس اتحاد کا راز اردو زبان تھی جو اپنے بولنے والوں کو جوڑے رکھتی تھی۔ اس لیے اردو کو سرکاری جبر کے ذریعہ یا سرکاری دربار کے زیر اثر غیر اردو داں عوام پر مسلط کرنے کا الزام بے جواز، بے بنیاد اور بے معنی ہے۔ اردو کو سرکاری زبان رہنے کا فائدہ ضرور ہوا لیکن تلگو، مراٹھی اور کنڑی کی بہ نسبت اردو زیادہ ترقی یافتہ تھی اور ہے۔ اردو میں جامعاتی سطح پر طب، قانون اور انجینئرنگ کے پیشہ ورانہ نصابوں کے مختلف مضامین کی تعلیم کا جو نظام تھا وہ آج تک مراٹھی، تلگو اور کنڑی زبان میں نہ ہو سکا جب کہ ان زبانوں کو اپنے اپنے علاقوں میں سرکاری زبان کا درجہ حاصل ہے (سچ تو یہ ہے کہ جامعہ عثمانیہ جیسی اردو ذریعۂ تعلیم کی جامعہ برصغیر ہند۔ پاک اور بنگلہ دیش میں کسی اور زبان میں آزادی کے بعد 62 سال کے عرصے میں وجود میں نہ آسکی جو کام آصف سابع نے کیا تھا وہ کوئی اور نہیں کر سکا۔ اس لیے اردو پر سرکاری و شاہی جبر کے سہارے دوسری زبان والوں پر مسلط ہونے کا الزام اندھے تعصب بلکہ جہالت کا نتیجہ ہے اور اب سے چند سال قبل تک اردو کو صرف مسلمانوں کی زبان نہیں قرار دیا جاتا تھا۔ آزادی کے بعد اردو کو مخالف اردو عناصر کے مظالم سے وزیر اعظم پنڈت جواہر لال نہرو، ابوالکلام آزاد جیسے لوگ نہ بچا سکے۔ پارلیمان میں اردو اشعار پڑھنے والے پنڈت

نہرو جو اردو کو اپنی مادری زبان کہتے تھے اور اردو زبان کے ذریعہ علم وادب کی دنیا میں اونچا مقام پانے والے ابوالکلام آزاد نے اردو کی عملاً کوئی خدمت نہیں کی۔ متحدہ قومیت کے ان عظیم علم برداروں کو بخوبی پتہ تھا کہ متحدہ قومیت کی سب سے بڑی نشانی ہی نہیں بلکہ مثال اور ثبوت اردو ہی تھی۔ کیا تاریخ اس بات کو فراموش کر دے گی؟ سلطنت آصفیہ حیدرآباد کا خاتمہ کرکے اسے انڈین یونین میں ضم کرنے والوں سے یہ سوال کسی نے نہیں کیا کہ سقوط حیدرآباد یا حیدرآباد کے انضمام کا اردو کے خاتمے کی سازش سے کیا تعلق تھا؟ کیا حیدرآباد کا انضمام (اس پر فوجی حملے کے ذریعہ کامیابی حاصل کرنے کے بعد) صرف اردو کو ختم کرنے کے لیے کیا گیا تھا؟ جامعہ عثمانیہ اور دیگر سرکاری مدارس اور کالجوں سے نہ صرف اردو ذریعہ تعلیم بلکہ بعض مدارس میں اردو کی زبان کی حیثیت سے تعلیم کیوں ختم کر دی گئی تھی؟ اگر حیدرآباد کی آزادی کا اعلان غداری تھا تو اس کی سزا آصف سابع میر لائق علی وزیر اعظم حیدرآباد اور سید قاسم رضوی مرحوم کو نہیں دی جا کر آخر اردو کو کیوں دی گئی؟ جامعہ عثمانیہ سے اردو کے خاتمے کی وجہ سلطنت آصفیہ کو فتح کرنے کے بعد اس کا اقتدار سنبھالنے والے حکمراں تو نہ بتا سکے تھے تو اب کوئی کیا بتائے گا؟ جامعہ عثمانیہ اور تمام تعلیم گاہوں سے اردو کے خاتمے کے لیے اگر حیدرآباد کو انضمام پر مجبور کر دیا گیا تھا تو یہ کوئی بتا دی کہ آزاد حیدرآباد اور حکومت ہند کے مذاکرات کے دوران ریاست کی سرکاری زبان اور اردو کے خاتمے کا مطالبہ تو کیا اس کا ذکر بھی نہیں کیا گیا؟

آخری سوال ان سے ہے جن کی مادری زبان اردو ہے یا جنہوں نے اردو کا استعمال مادری زبان سے زیادہ کرکے شہرت اور ناموری حاصل کی ہے۔ ہمارا یہ سوال ہے کہ اردو والوں نے خود ہی اردو سے بے نیازی بلکہ غداری کرکے کیا پایا؟ کیا کسی نے 1948ء کے حیدرآباد کے مدارس (بشمول مشن اسکولس) سے اردو کے خاتمے پر احتجاج کیا تھا؟ نہیں

بالکل نہیں۔ ہماری بے حسی کا عالم یہ ہے کہ چالیس چالیس تا پچاس پچاس ہزار عطیہ دے کر اپنے بچوں کو ہم لوگ جس اسکول میں پڑھاتے ہیں اس اسکول کے انتظامیہ سے یہ تک کہنا نہیں چاہتے ہیں کہ ہم اپنے بچوں کو اردو پڑھانا چاہتے ہیں۔ جب اردو والے خود اردو پڑھانے کی بات نہ کریں تو غیروں سے کیا شکایت کی جائے؟ اگر یہی حال بر قرار رہا تو اس زبان اور زبان والوں کا اللہ جانے کیا حشر ہو؟ اردو کے مسائل نہ ختم ہوئے ہیں نہ ختم ہوں گے تاہم اردو کے غداروں کو ان کی بے حسی اور بے ضمیری کی سزا کون دے گا؟

(۴) اردو اپنے رسم الخط کے ساتھ ہی زندہ رہے گی
عارف عزیز

ایک ایسے ملک میں جہاں لوگ اردو بول کر یہ سمجھتے ہیں کہ وہ ہندی بول رہے ہیں اردو مکالموں، گیتوں اور اصلاحات سے لئے گئے عنوانات پر بنی فلمیں دیکھنے کے لئے سر دھڑ کی بازی لگا دیتے ہیں لیکن یہ سمجھتے ہیں کہ وہ ہندی فلمیں دیکھ رہے ہیں، دن بھر ریڈیو اور ٹی وی سے اردو گیتوں کے ریکارڈ سنتے ہیں، ان گیتوں، قوالیوں اور غزلوں کے کیسٹ بڑے چاؤ سے خریدتے ہیں اس کے باوجود اردو سے گھبراتے ہیں اور اسے ایک غیر ملکی زبان کہتے ہیں۔

اس کی وجہ صاف ہے کہ ہم نے اردو رسم الخط سے ناواقف طبقوں کو اس سے متعارف کرانے کی سنجیدگی سے کوشش نہیں کی، نہ یہ بتایا کہ اردو جسے ہندی کی شاخ یا شیلی کہا جانے لگا ہے اپنے آپ میں ایک مکمل زبان ہے، یہ ہندی سے پیدا انہیں ہوئی اسلئے کہ اردو کی پیدائش کے وقت ہندی نام کی کوئی زبان ہندوستان میں موجود نہیں تھی، ایک طرف شمالی ہند کی مقامی بولیاں تھیں تو دوسری طرف مسلمانوں کی لائی ہوئی عربی، ترکی اور فارسی زبانیں تھیں، لیکن جب ہندو مسلم عوام ایک دوسرے کے قریب آئے تو ان تمام زبانوں اور بولیوں کے ہلکے پھلکے اور شیریں الفاظ کی آمیزش سے ایک نئی زبان ابھرنے لگی اور دیکھتے ہی دیکھتے ایک مکمل اور نہایت مقبول زبان بن کر سرکاری زبان

فارسی کو للکارنے لگی۔

اردو کی پیدائش، ارتقائی، اور نشو و نما میں کسی حکومت کا ہاتھ نہیں بلکہ یہ دو قوموں کے میل و ملاپ کے نتیجہ میں پروان چڑھی ہے اس لئے اردو کو اپنے رسم الخط کے ساتھ زندہ رہنا چاہئے جو لوگ زبان یا اس کے رسم الخط کو نظر انداز کر کے قومی اتحاد و اتفاق کی بات کرتے ہیں وہ ہرگز مخلص نہیں کہے جا سکتے بلکہ قوی اندیشہ ہے کہ اس طرح اردو اپنے رسم الخط کے امتیاز سے محروم ہو کر اس زبان میں ضم ہو جائے جس کا وہ رسم الخط اپنا لے گی۔ خاص طور پر ہندی اور اردو جو ایک لسانی حقیقت کی دو شکلیں کہی جاتی ہیں وہ ایک دوسرے میں جذب ہونے کی زیادہ صلاحیت رکھتی ہیں اور انجذاب کے اس عمل سے اردو کو بچانے والا صرف اس کا رسم الخط ہے جو حضرات آج اردو کے تحفظ کے لئے ناگزیر قرار دے رہے ہیں وہ اس "ہمالیائی حقیقت" کو جھٹلا دیتے ہیں کہ ہندی کے علاقے میں اردو کا وجود اسی رسم الخط سے عبارت ہے ورنہ اردو کے اسالیب میں وہ وسعت ہے کہ ایک طرف اس کے ڈانڈے ہندی سے ملے ہوئے ہیں تو دوسری طرف فارسی سے۔

اردو رسم الخط کے پیچھے ایک تہذیب اور تاریخ ہے جسے وقتی مفاہمتوں ذاتی مصلحتوں اور نجی کاروباری ضرورتوں کی خاطر قربان نہیں کیا جا سکتا۔ ہر زبان کی تہذیب اور انا تاریخ کے عمل میں رفتہ رفتہ تحلیل ہو جاتی ہے اس لئے حقیر مصالح کی خاطر اس سے روگردانی کسی طرح بھی مناسب نہیں۔

اردو کو دیوناگری رسم الخط میں لکھنے کی وکالت کرنے والوں کو ہمارا مشورہ ہے کہ وہ ایک قدم آگے بڑھ کر یہ جرأت استدلال پیش کیوں نہیں کرتے کہ اردو زبان کیونکہ ختم

ہو رہی ہے اس لئے انہیں ہندی اپنا لینی چاہئے۔ ہمارے خیال میں اس تجویز میں پھر ایک لسانی استدلال ملتا ہے کہ اقلیتوں نے بارہا اپنی زبانیں بدلی ہیں، جزوی اور محتاط جرأت کے مقابلہ میں یہ بے محابا ہمت کم از کم ایک نسل کو لسانی دور نگی سے بچا لے گی ورنہ گذشتہ ۱۶ برس سے اردو کا رسم الخط تبدیل کرنے کی جو مہم کامیاب نہ ہو سکی وہ اپنوں کے ہاتھوں انجام پا جائے گی۔

* * *

اردو تنقید کے موضوع پر یادگار مقالہ

تنقید اور ادبی تنقید

مصنف : کلیم الدین احمد

بین الاقوامی ایڈیشن منظر عام پر آ چکا ہے